高质量新就业研究丛书 · 第Ⅱ辑

中国人民大学科学研究基金重大规划项目成果（23XNLG04）

社会化用工

杨伟国　赵磊　韩轶之　孙世玉　杨锴 / 著

Multiple
WORK
Arrangements

东北财经大学出版社 | 大连
Dongbei University of Finance & Economics Press

图书在版编目（CIP）数据

社会化用工 / 杨伟国等著．—大连：东北财经大学出版社，2023.11

（高质量新就业研究丛书·第Ⅱ辑）

ISBN 978-7-5654-4769-3

Ⅰ.社…　Ⅱ.杨…　Ⅲ.企业管理-人事管理-研究-中国　Ⅳ.F279.23

中国国家版本馆CIP数据核字（2023）第018909号

东北财经大学出版社出版发行

大连市黑石礁尖山街217号　邮政编码　116025

网　址：http：//www.dufep.cn

读者信箱：dufep @ dufe.edu.cn

大连图腾彩色印刷有限公司印刷

幅面尺寸：170mm×250mm　字数：193千字　印张：14.75

2023年11月第1版　2023年11月第1次印刷

责任编辑：石真珍　责任校对：一　心

封面设计：张智波　版式设计：原　皓

定价：75.00元

教学支持　售后服务　联系电话：（0411）84710309

如有印装质量问题，请联系营销部：（0411）84710711

总 序

2021年10月18日，习近平总书记在主持中共中央政治局第三十四次集体学习时指出，数字经济发展速度之快、辐射范围之广、影响程度之深前所未有，正在成为重组全球要素资源、重塑全球经济结构、改变全球竞争格局的关键力量。数字经济浪潮下，我国的就业市场正在发生重大变革，数字技术在“创造性”地释放新就业机会的同时，不断重塑着传统产业与经济领域的就业形态与雇佣关系，“就业市场”正在转型为“工作市场”。尽管目前学术界有关数字经济与工作市场的讨论取得了不少成果，但多数仍囿于传统的范式框架，对工作市场的理解缺乏新视角和新证据，因此亟待展开更为系统、深入的理论与实证研究。

本丛书是《高质量新就业研究丛书》的第Ⅱ辑。在第Ⅰ辑中，我们从国家应对数字经济挑战的战略部署以及数字经济下新就业发展的趋势特征等方面，初步揭示了数字经济与工作市场的内在关联以及政府促进就业高质量发展的治理路径；与此同时，通过聚焦数字平台工作，深入考察了数字技术对工作技能及组织关系的深远影响。

在第Ⅰ辑有关数字经济与工作市场探索性研究的基础上，第Ⅱ辑试图开展进一步的理论与实证研究。我们努力深入工作市场发展的细分领域，立足工作市场范式转型的新视角，阐释数字经济影响下我国工作市场出现的三大结构性变革：一是人力资本关系转型，基于人力资本关系新框架，揭示数字经济推动就业从基于劳动雇佣的劳动力市场转向更加灵活、多样、复杂的工作市场的内在动因；二是人力资源管理转型，聚焦企业人力资源管理数字化与数字化管理，深入分析人力资本管理模式对组织结构及人员绩效的深远影响及其应对思路；三是人力资本配置转型，考察灵活多元的新型用工模式，特别是零工就业内部复杂多样的工作类型，进而从政策与产业（人力资源服务业）角度探讨建立与数字经济相适应的人力资本匹配机制的可行路径，深刻阐释数字经济影响下企业多元化用工模式形成的内在逻辑，并为理解企业链接外部人力资本、提升组织效能的动力机制及影响效果提供重要的学理支撑。不仅如此，本丛书针对数字经济下工作市场变革的深入讨论，最终落脚在如何更好地适应与保障劳动者权益这一根本性问题上，为探索建立与数字经济新就业相适应的劳动权益保障体制提供有益的学术与实践思考。

本丛书作为中国人民大学科学研究基金重大规划项目“数字经济与工作市场研究”（编号：23XNLG04）的研究成果得到了中国人民大学科学研究基金的资助。本丛书的基本观点，我们在不同场合做过分享，并且得到了许多领导、专家、同仁的评论意见和重要建议，在此表示衷心的感谢！尽管恪守严谨规范的态度，但由于作者学术功底与专业理解的欠缺，本丛书必定还存在诸多不足之处，作者对此承担全部责任。本丛书的推出，得到了东北财经大学出版社的全力支持，特致谢忱！

杨伟国

2023年6月18日于时雨园

前　言

我们正处在一个不断发展和变化的时代。移动互联网、大数据、云计算、人工智能等数字技术在各个领域的广泛运用，变幻莫测的市场环境，不断拓展的新业态领域和推陈出新的商业模式等，均深刻影响着企业的组织管理模式和用工方式。

如何提升组织绩效是企业管理实践活动和管理科学研究的核心命题。纵观组织理论（Organization Theory）发展脉络，弗里德里克·温斯洛·泰勒（Frederick Winslow Taylor）、马克斯·韦伯（Max Weber）、亨利·法约尔（Henri Fayol）以及乔治·埃尔顿·梅奥（George Elton Mayo）等学者的经典研究成果均在回答不同时代背景下企业的效率从何而来这一组织研究的本质性问题。泰勒的科学管理原理指出，组织绩效来自劳动分工和生产过程的标准化，因此他不仅推动管理职能和作业职能的分离，而且通过对工作时间和动作的研究提升工人劳动过程的科学性和工作效率。"组织理论之父"韦伯致力于组织结构的研究，在经验观察和理性假设的基础上提出官僚组织模式，即对企业而言，规章制度是合理合法权力的基础，是实现组织连续和持久经营目标的保障。与泰勒、韦伯齐名的法约尔被称为"古典管理理论之父"，他从管理经验出发，对组织的构成因素、组织职能、组织的管理和运行原则等展开研究，提出管理的五大职能，即计划、组织、指挥、协调和控制，并归纳总结出劳动分工、权力与责任、纪律等14项管理原则。梅奥通过"霍桑实验"，从如何提升人的主观能动性角度研究组织绩效问题，并提出人际关系组织理论。他对泰勒的观点展开批评，认为工人并非单纯意义上的经济人，而是社会人，具有物质和精神两种需求，所以提高工人满意度是提高劳动生产率的首要条件。

上述经典理论虽然在20世纪指导了无数企业的生产管理实践，但研究的重心则是企业如何通过提高内部资源的组织管理能力进而提升组织绩效。理论研究的前提预设为企业在传统雇佣模式下提升绩效，即组织雇佣劳动者并对其工作行为进行管理，劳动者通过依附于某个具体的组织而获取劳动报酬。传统的科层制组织在组织成员之间有明显的垂直和水平边界；与供应商、顾客等外部支持者之间存在明显的外部和地理边界。

随着市场环境的变化和生产技术的发展，越来越多的企业采用精益生产模式和弹性化的雇佣方式，将组织内部的业务或工作通过市场交易的方式交由外部的组织或个人完成，从而改变了传统的雇佣关系，打破了组织的外部边界。特别是当人类从工业经济时代进入数字经济时代后，互联网、智能终端以及云计算成为具有代表性的基础设施，数字化的知识和信息成为核心生产要素。上述数字技术加速了企业垂直边界、水平边界、外部边界以及地理边界的消弭。企业边界的融合对企业的绩效管理提出新的挑战：在数字经济背景下，组织创造价值的关键不仅在于如何激发组织内部劳动者的潜能和创造力，还在于如何整合并协调组织外部的人力资本要素。

数字经济时代，劳动者不再是劳动力市场中同质化的“无产者”，而是人力资本市场中具有丰富人力资本和社会资本的“有产者”。人力资本雄厚的“强个体”的出现致使人与组织之间的关系发生重大变化。传统的雇佣关系对“强个体”而言不再那么具有吸引力，他们不再完全依赖传统雇佣方式获取收入，而是开始尝试在人力资本市场中通过数字技术与多个组织建立不同的人力资本关系，从而获得更多的收入。相应地，组织需要“想尽一切办法”增强与“强个体”之间的黏性。所以，组织与劳动者之间的关系呈现多元化和去雇佣化的态势。在这种多元化劳资关系并存的情形下，企业应该如何应对市场环境、数字技术以及劳动力市场变化所带来的不确定性成为组织绩效提升的关键。

打破组织边界并与外部资源提供者协同发展是未来组织实现绩效目标

的战略发展方向。如何打破组织的外部边界？有多种方式，比如兼并收购、购买外包、重组生产组织架构等。调整组织用工方式对于企业而言是最经济、最现实可行的打破组织外部边界的手段，也是组织整合外部人力资本的具体表现形式。因此，本书以用工方式为视角，阐释企业在数字经济时代是如何通过用工方式链接组织外部的人力资本从而实现组织绩效提升的。

社会化用工是企业普遍使用的、连接外部人力资本的用工方式。社会化用工是什么？它与现有的其他灵活用工方式存在哪些区别和联系？现有企业为什么会采用社会化用工，以及在哪些岗位、通过何种方式采用社会化用工？……深入研究这些问题对企业的用工实践具有现实启发意义，同时对用工政策提出了新的问题。我们希望通过本书描述和阐释社会化用工的定义和内涵，企业选择社会化用工的原因、用工模式、用工渠道、结算方式以及管理实践等内容，从而帮助企业管理者了解当前组织绩效提升的一种方式，并应用于组织管理实践中。此外，我们希望通过对社会化用工的系统研究，从劳动者角度了解他们从事社会化用工的基本工作状况，如工作动机、工作条件等内容，为政府制定劳动保障政策提供实践依据。

当然，企业对用工方式的选择往往遵循效率原则，能够最大化地提高资源的配置效率，使得人力资本存量高的劳动者从中受益，但这种市场经济的行为同时会伤害人力资本存量较低的劳动者，并可能对他们的生活乃至社会秩序带来严重冲击。企业在经济效益的影响下，势必首先会将人力资本价值和稀缺性较低的劳动者排除在雇佣体系之外[①]，通过社会化用工的方式来组织生产。鉴于此，在社会化用工中，社会公平公正的问题就会更加突出。政府不仅需要鼓励和激活市场主体的主观能动性，还需要制定

---

① LEPAK D P，SNELL S A. The human resource architecture：Toward a theory of human capital allocation and development［J］. The Academy of Management Review，1999，24（1）：31-48.

相应的劳动就业和社会保障政策来对社会资源进行二次分配，从而保障那些人力资本价值和稀缺性较低、市场竞争能力较弱的劳动者的基本生活，进而解决社会化用工过程中产生的劳动问题，维护社会的公平与和谐。所以，本书不仅阐述了社会化用工中的企业和劳动者，还引入了政府视角，梳理了我国政府对新经济、新业态中的社会化用工制定的政策，一方面展现政策的转变过程，另一方面陈述当前我国劳动关系认定和劳动者权益保障现状以及社会化用工治理存在的困难。

本书的特点之一在于我们获得了第一手的社会化用工资料和数据。我们深度访谈了社会化用工方式较为普及的影视文娱行业、金融行业、房地产行业、医疗健康行业以及互联网行业等五大行业中的68家企业的管理者。68家企业中，既有传统企业，又有新兴的互联网企业，还有正在从传统企业转型升级的企业。在了解企业社会化用工情况的基础之上，我们对上述五大行业中参与社会化用工的43名劳动者进行了深度访谈，并结合707名劳动者的问卷调查资料分析了社会化用工中劳动者的劳动情况以及工作质量。

直接引用访谈资料是本书的另一大特点。我们将具体的访谈内容直接呈现出来，而非对案例进行提炼总结，这不仅为本书提供了鲜活的实践证据，而且将社会化用工的细节内容原汁原味地呈现给读者，为读者提供了真实的田野调查资料，使读者更易于理解我们对社会化用工的阐述。需要特别说明的是，为了保护被访者的个人信息，我们进行了匿名处理，同时，为了保证访谈内容引用的科学性，我们对访谈资料进行了编码，并在引文括号内以数字加字母加文字的方式予以呈现。数字代表我们访谈被访者的时间，英文大写字母代表企业名称或者被访者姓名的首字母，文字说明为被访者在企业中的职位或身份。

本书包含13章。第1章引出我们的研究问题并介绍研究方法。第2章为文献综述，除了辨识当前主要的用工方式外，还从历史和结构的角度阐明组织采用社会化用工方式是不可逆的现象。第3章和第4章是全书的核心内容，目的是概念化社会化用工。这两章不仅尽量清晰地定义社会化用工，而且系统地概括总结企业选择社会化用工的原因、用工岗位、用工模式、用工渠道以及企业对参与社会化用工的劳动者的管理方式等内容。第5章至第12章为本书的实证研究部分。一方面，我们根据大量原始访谈记录和数据分析影视文娱、金融、房地产、医疗健康及互联网行业中的企业采用社会化用工的原因、用工岗位、用工模式等方面，以及相应的劳动者在社会化用工中的工作状况和工作质量等内容；另一方面，我们通过对政府劳动就业和社会保障政策的文献梳理，分析政府在治理社会化用工中取得的成绩以及面临的挑战。第13章是对社会化用工的总结和展望，在回顾总结全书核心要点的基础上，为政府、企业、劳动者以及人力资源服务机构提供建议，期待各类主体在社会化用工过程中形成合力来解决出现的劳动问题，并从中获益，从而实现效率和公平间的平衡。这种由社会多元化的参与主体共同治理社会问题的创新属于国家治理现代化的题中之义。

本书是中国人民大学科学研究基金重大规划项目“数字经济与工作市场研究”（批准号：23XNLG04）的成果之一，受中国人民大学科学研究基金资助。感谢北京用友薪福社云科技有限公司对本研究的协调支持和帮助；感谢中研世纪调研公司和盈海调研公司协助我们开展对社会化用工企业和劳动者的调研工作；感谢支持我们研究的68家企业的管理人员和43名参与社会化用工的劳动者，是他们“引导”我们对社会化用工有了初步的认知。

最后，希望本书能为用工企业管理人员、人力资源服务行业从业人员以及政府部门工作人员带来启发和帮助。

作　者

2023年9月

目 录

第1章 导 论 / 001

1.1 研究背景 / 001
1.2 研究问题 / 004
1.3 研究方法 / 006
1.4 结构安排 / 012

第2章 文献综述 / 014

2.1 用工方式辨识 / 015
2.2 替代性工作安排的历史变迁 / 031
2.3 用工模式概念存在的问题 / 039

第3章 社会化用工概述 / 042

3.1 社会化用工与替代性工作安排的关系 / 042
3.2 社会化用工产生的原因 / 044
3.3 社会化用工的主要特征 / 048

第4章 社会化用工理论框架 / 053

4.1 企业选择动因 / 053
4.2 用工模式 / 062
4.3 用工渠道 / 075
4.4 管理策略 / 081

第5章 影视文娱行业中的社会化用工 / 089

5.1 影视文娱行业的研究方法 / 089
5.2 影视文娱行业的社会化用工现状 / 090
5.3 影视文娱行业的社会化用工的特点 / 092
5.4 短视频和直播板块中社会化用工的特点 / 097

第6章 金融行业中的社会化用工 / 105

6.1 金融行业的研究方法 / 105
6.2 金融行业的社会化用工现状 / 105
6.3 金融行业的社会化用工的特点 / 108

第7章 房地产行业中的社会化用工 / 115

7.1 房地产行业的研究方法 / 115
7.2 房地产行业的社会化用工现状 / 116
7.3 房地产行业的社会化用工的特点 / 118

第8章 医疗健康行业中的社会化用工 / 121

8.1 医疗健康行业的研究方法 / 121
8.2 医疗健康行业的社会化用工现状 / 122
8.3 医疗健康行业的社会化用工的特点 / 124

第9章 互联网行业中的社会化用工 / 131

9.1 互联网行业的研究方法 / 131
9.2 互联网行业的社会化用工现状 / 132
9.3 互联网行业的社会化用工的特点 / 134

第10章　社会化用工在行业间的比较 / 137

10.1　社会化用工在传统行业间的比较 / 137
10.2　社会化用工在新兴行业和传统行业间的比较 / 138
10.3　社会化用工在同行业不同类型企业间的比较 / 139

第11章　社会化用工从业者 / 141

11.1　从业者的分布现状 / 141
11.2　从业者的人口学特征 / 143
11.3　从业者的工作状况 / 145

第12章　社会化用工的政府治理 / 156

12.1　治理政策的调整与转变 / 157
12.2　社会化用工治理难题 / 171

第13章　寻求多方主体间的平衡 / 177

13.1　政府：顺应新形势的同时保障劳动者权益 / 179
13.2　用工企业：建立打破组织边界的战略思维 / 183
13.3　人力资源服务机构：为社会化用工保驾护航 / 186
13.4　社会化用工从业者：努力提升人力资本存量 / 188

参考文献 / 189

附录1　社会化用工合作者专题小组访谈提纲 / 200

附录2　社会化用工企业访谈提纲 / 204

附录3　社会化用工人员需求调研问卷 / 208

索引 / 220

第1章
导　论

1.1　研究背景

党的二十大报告明确提出，实施就业优先战略，强化就业优先政策，健全就业公共服务体系，加强困难群体就业兜底帮扶，消除影响平等就业的不合理限制和就业歧视，使人人都有通过勤奋劳动实现自身发展的机会。习近平总书记强调，就业是最大的民生工程、民心工程、根基工程，是社会稳定的重要保障，必须抓紧抓实抓好。①特别是在新冠肺炎疫情长期肆虐全球、国际局势动荡、全球经济增速放缓的形势下，中国经济和社会发展面临不小的挑战。“保增长”和“稳就业”成为我国政府确保国家经济稳定运行、社会稳定和实现共同富裕的重要战略。

当前，社会化用工成为落实“保增长”和“稳就业”战略的重要抓手。一方面，它能降低企业的经营成本，提高企业的运行效率。社会化用工作为企业通过与工作市场中的劳动者建立非雇佣关系获取外部资源的一种重要方式，在有效降低企业成本的同时提高了企业的生产效率，成为减轻企业负担、增强民营经济竞争力的重要手段之一。在数字经济时代，组织的绩效不仅源于从内部获得的整体效率，更源于与组织外部人力资本协作的能力。资源依赖理论认为，企业的生存和发展离不开对外部资源的获取。社会化用工恰恰就是企业获取外部资源的一种途径和

---

① 李心萍，谢卫群，王沛，等．抓好就业这项最大民生工程［N/OL］．人民日报，2019-03-04［2022-12-18］．http：//www.gov.cn/zhengce/2019-03/04/content_5370323.htm.

手段。在人力资本市场中，劳动者是集劳动力、知识、技术、技能、信息、交际能力等于一身的人力资本所有者，而这些人力资本存量正是企业生产和发展所需要的资源。在社会化用工中，企业在使用某一项或某几项聚集在劳动者身上的人力资本时，可以采取工作、合作、合伙等方式，而并不必须与劳动者建立传统的雇佣关系，这在无形中降低了劳动用工成本。另外，随着互联网、人工智能、大数据、云计算等数字技术的进步，组织连接外部人力资本的成本也日益降低。综上，从企业组织绩效的角度来讲，社会化用工是组织连接外部人力资本的重要途径之一，能够使企业通过与工作市场中的劳动者建立工作关系、合作关系以及合伙关系达到获取劳动力、信息、知识、技术、顾客、供应商等生产经营所需要的资源，降低交易成本，从而提高生产效率的目的。新冠肺炎疫情对旅游、交通运输、餐饮娱乐等行业的企业发展造成了众多负面影响，而社会化用工有利于为这些处于不确定性的经济环境中的企业纾困，从而增强企业的生存和发展活力。这也成为近几年企业采用社会化用工方式的趋势增强的重要原因。中国人民大学灵活用工课题组等发布的《中国灵活用工发展报告（2022）》蓝皮书显示，2021年我国有61.14%的企业采用灵活用工方式[①]，比2020年增加5.46%，而且这种趋势仍在继续增强。

另一方面，社会化用工能增加劳动者的就业机会和收入。2021年11月15日，国家统计局发布的数据显示，2021年1—10月，全国城镇新增就业1 133万人，提前完成全年目标任务。2022年2月9日，国家统计局相关负责人表示，截至2021年底，中国灵活就业人员已经达到2亿人。[②]这些劳动者就业机会的增加得益于互联网平台这种新型的社会化

① 在本书中，社会化用工属于灵活用工（广义）中的一种用工方式，第2章将区分二者的概念。

② 金晨．中国灵活就业者已达2亿人，线上工作受到年轻人追捧［N］．人民日报（海外版），2022-02-09（08）．

用工方式创造了大量的工作岗位和就业机会，更得益于我国政府顺势而为，根据数量庞大的、依托于互联网平台工作的就业群体不断建立新的职业。例如，2020年，人力资源和社会保障部发布《关于对拟发布新职业信息进行公示的公告》，指出拟新增10个新职业，其中包含“互联网营销师”“在线学习服务师”“区块链应用操作员”等依托互联网平台的岗位和职业①。2021年，人力资源和社会保障部发布《关于对拟发布集成电路工程技术人员等职业信息进行公示的公告》，指出拟取消“道路客运汽车驾驶员”职业下设的“出租汽车司机”工种，并在该职业下增设“巡游出租车司机”“网约出租车司机”2个工种②。这些依托互联网平台并被合法化的新职业进一步推动了就业规模的扩大。例如，网约车平台不仅创造出“网约车司机”和“司机服务经理”等新型的工作岗位，而且创造了上千万个就业机会。我国的平台经济在就业人数规模、服务类型多样化、渗透率方面处于世界前列③，成为吸纳劳动力、解决就业问题的重要方式。

由于社会化用工在促进经济增长和吸纳劳动者就业方面发挥了重要作用，所以从事社会化用工工作的劳动者涵盖了就业市场的方方面面，既有传统产业，又有新业态，既涉及不同的层级，又覆盖了不同的领域，逐步成为我国劳动力市场上不可忽视的有生力量。他们在社会化用工中的工作状况和工作质量直接影响社会稳定和经济发展。

---

① 人力资源和社会保障部职业能力司．关于对拟发布新职业信息进行公示的公告［A/OL］．（2020-05-11）［2022-12-18］．http：//www. mohrss. gov. cn/SYrlzyhshbzb/zwgk/gggs/tg/202005/t20200511_368176.html.

② 人力资源和社会保障部职业能力司．关于对拟发布集成电路工程技术人员等职业信息进行公示的公告［A/OL］．（2021-01-15）［2022-12-18］．http://www. mohrss. gov. cn/SYrlzyhshbzb/zwgk/gggs/tg/202101/t20210115_407761.html.

③ 张成刚．就业变革：数字商业与中国新就业形态［M］．北京：中国工人出版社，2019.

1.2 研究问题

不论是传统业态还是以共享经济、平台经济以及零工经济为代表的新业态，社会化用工方式均已成为企业重要的用工方式之一，也成为解决劳动者就业的主要途径，更是国家“保增长、稳就业”的重要形式。2019年，上海交通大学安泰经济与管理学院发布的中国灵活雇佣关系的相关数据反映出，灵活用工在我国处于发展上升阶段。数据显示，2019年中国灵活用工行业市场规模为476.42亿元，中国的灵活用工比例为9%，有很大的提升空间，相关人力资源服务业正在稳步发展，规模不断增大①。中国人民大学灵活用工课题组发布的《中国灵活用工发展报告（2022）》蓝皮书显示，我国从事灵活用工的劳动者人数高达9 867.4万。

与此相对应的是，社会化用工及其所属领域的其他用工方式一直存在概念不清、界定模糊等问题。2001年，劳动和社会保障部劳动科学研究所在《灵活多样就业形式问题研究》报告中对“灵活就业”做了概念方面的界定：“灵活就业是指在劳动时间、劳动报酬、工作场地、保险福利、劳动关系等几方面（至少是一方面）不同于建立在工业化和现代工厂制度基础上的、传统的主流就业方式的各种就业形式的总称。”②此概念是从劳动者就业的角度提出的，它测算的灵活就业人员数量和用人单位采用非标准雇佣方式雇佣的劳动者数量并不具有一致性，因为这里的灵活就业劳动者将自我雇佣人员包含在内。中国人民大学劳动人事学院课题组先后于2020年和2021年对灵活用工进行了广义和狭义的定义。其中，广义的灵活用工是指“雇佣组织（企业、平台组织、非营利性组

① 郭娜．中国灵活用工占比9% 发展空间巨大［N］. 劳动报，2019-12-09（06）.

② 佚名．《灵活多样就业形式研究》课题报告摘要［EB/OL］.（2015-11-12）［2022-12-18］. http：//www.maxlaw.cn/l/20151112/833584680208.shtml.

织、公共服务组织等）以标准雇佣之外的方式进行人力资源配置的用工安排，主要分为以下六种类型：劳务派遣、业务外包、人力资源外包、互联网平台用工、传统零工（非全日制用工、兼职、日结、自雇合作）、实习”。狭义的灵活用工仅指传统零工、互联网平台用工和实习这三种方式。这里，广义和狭义的灵活用工概念都是以列举的方式呈现的，但这些列举的类型在法律关系上并不是并列和互斥的。换言之，灵活用工的概念并非一个明确的学术或法律概念。

除此之外，学界也缺乏一个针对这一领域的统领性的概念。诸多学者和组织根据不同的目的“生产”出了不同的概念，比如替代性工作安排（alternative work arrangements）、非标准雇佣（non-standard employment）、非正规就业（informal employment）、经济性工作（economic works）。虽然这些概念均是相对于标准雇佣关系而言的，但概念与概念之间的内涵和外延不尽相同。在大的概念之下，还有诸多类似于劳务派遣（temporary help agency work）、业务外包（outsourcing）、众包（crowdsourcing）以及兼职（part-time job）等具体的用工模式或劳动者就业状态的表述，但这些概念或者表述一方面存在边界模糊的问题，另一方面在内容、角度以及层次方面存在众多区别和交融，因此学界尚未在这一领域形成公认的概念和分类体系。

在此基础之上，社会化用工作为“保增长”“稳就业”的重要方式和途径，与现有概念之间存在哪些区别和联系，以及在概念体系中的定位如何等问题有待于进一步研究。除此之外，组织与劳动者的关系紧密程度不同，用工关系亦存在差异。如果将组织与劳动者关系的松散程度作为一个从0到10的横轴，0为标准全日制劳动关系，而10为合伙关系①，那么，社会化用工处于该横轴的哪一端？社会化用工属于什么样的用工安排？社会化用工与替代性工作安排具有哪些区别和联系？社会化用工具有

---

① 杨伟国，张成刚，辛茜莉．数字经济范式与工作关系变革［J］．中国劳动关系学院学报，2018（5）：56-60.

什么样的特征？企业采取社会化用工方式的动机和收益如何？劳动者参与社会化用工的目的及人口学特征如何？为了解答上述问题，全面地了解社会化用工，明晰这种用工方式适用的情境、在企业用工战略中的定位，以及了解社会化用工对企业的组织绩效、劳动者的工作的影响，本书对房地产、金融、影视文娱、医疗健康以及互联网行业内的68家企业的管理者和参与社会化用工的劳动者进行了半结构式深度访谈。

另外，对社会化用工的探索反过来也会推动用工管理实践的进步和政府对社会化用工治理体系的完善，对非雇佣方式概念体系的梳理以及社会化用工概念的界定有助于企业层面用工管理实践的开展和国家层面法律政策保障体系的健全和完善。

1.3 研究方法

为探索社会化用工的定义和内涵，我们需要对社会化用工主体即采用社会化用工方式的组织和参与社会化用工的劳动者进行研究。我们利用质性研究和量化研究方法展开研究，采用问卷调查法和半结构式深度访谈法收集资料。在此基础之上，我们利用扎根理论对访谈资料进行分析处理。

1.3.1 研究采用社会化用工的组织的方法

由于社会化用工的概念边界模糊，因此我们将研究对象“粗放”地设定为组织整合外部劳动力共同完成其生产经营任务所采用的各种用工方式。为了了解组织使用外部劳动力的原因、用工模式、用工渠道、管理方式等问题，我们以信息多样化和理论饱和为原则并根据最大差异法选择被访对象。因此，我们采用半结构式深度访谈法访谈了房地产、金融、影视文娱、医疗健康以及互联网行业内的68家企业的工作人员。访谈企业的基本情况见表1-1。

表1-1　　半结构式深度访谈企业基本情况表

行业	数量	企业类型			企业规模[①]			细分行业
		国有	民营	外资	大	中	小	
房地产	11	1	10	0	3	2	6	开发商、物业、家装、中介服务（包括营销策划代理、房地产经纪等）
金融	12	0	11	1	5	2	5	银行、保险、证券、互联网金融
影视文娱	15	0	14	1	3	1	11	动漫、影视、短视频、艺人经纪、传媒营销
医疗健康	13	1	11	1	6	3	4	医院、医美、体检、养老、制药、医疗器械、医药销售
互联网	17	0	17	0	6	5	6	教育、知识付费、社交电商、直播和短视频、短租、家政服务、医疗
总计	68	2	63	3	23	13	32	

受时间、被访者的职位等因素的限制，我们收集到的信息难免有所偏误，所以我们同时将企业的网上信息材料、新闻报道资料以及对企业合作者的深度访谈资料作为本研究的补充资料，用来对照访谈材料并更正其中的错误。

此外，为进一步保障访谈资料的信度和效度，我们还对上述组织中的人力资源工作人员发放了问卷，从中了解组织现有的各种用工模式、选择各种用工模式的动因、组织整合外部劳动者的渠道、管理方式以及为外包劳动者提供的工作条件等内容。针对采用社会化用工的组织的调查问卷共

① 根据《统计上大中小微型企业划分办法》，以企业的“从业人员数”为划分标准。

回收48份，其中被调研的组织的类型与规模如图1-1和图1-2所示。

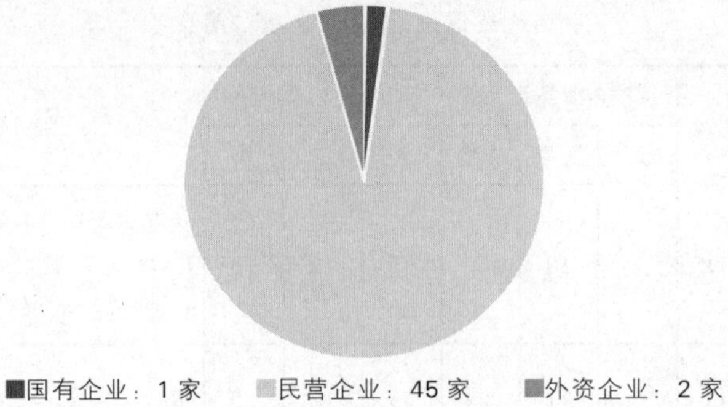

图1-1　被调研的组织的类型

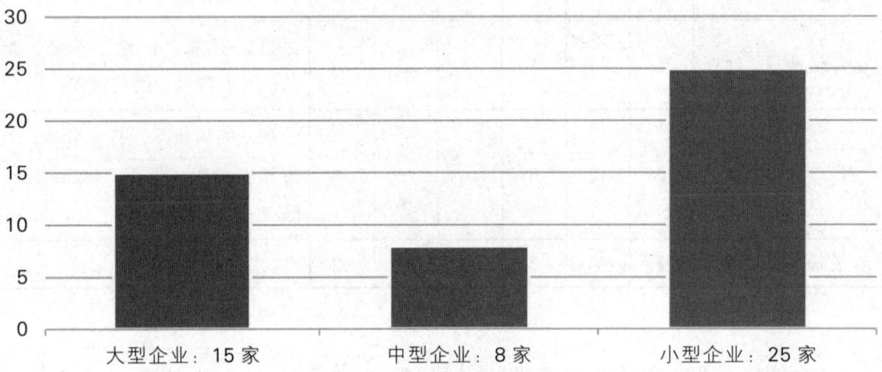

图1-2　被调研的组织的规模

在回收的48个采用社会化用工的组织样本中，各种企业类型均有所覆盖，其中国有企业、外资企业以及民营企业的比例与被访的68家企业在企业类型方面的比例相近。企业规模的划分依据为《统计上大中小型微企业划分办法》。我们按照企业从业人员的数量将企业划分为大型企业（人数≥300）、中型企业（100≤人数＜300）和小型企业（10≤人数＜100）。在回收的48个企业样本中，大型企业共计15家，占比31%，中型企业8家，占比17%，小型企业25家，占比52%，这些比例与被访的68家企业在企业规模方面的比例相近。

当然，对采用社会化用工的组织的研究存在一定的局限性。首先，本次调研的被访对象全部为企业，而非通过各种用工方式整合外部劳动力的所有组织。因此，本书的社会化用工研究局限在企业层面，可以称之为企业社会化用工。

其次，我们并不清楚行业中所有企业整合外部劳动力的所有方式。由于时间和成本等限制，我们通过被访样本收集到的信息不可能完全达到内容饱和状态，因此，我们对被访对象的选择以及被访资料的丰富度只能达到时间和成本约束下的最大饱和状态。

最后，由于学界缺乏对各种用工方式的清晰界定，被访谈者和被调研者对用工方式的理解存在偏差，以及企业法律上的用工方式和企业表述（主张）中的用工方式之间存在偏差等，因此被访企业的管理人员和调研问卷填写人员所表达/勾选的企业用工方式有所出入、企业用工模式中的实际法律表述和企业用工表述存在差距等问题给研究造成了一定的困扰。当出现这种问题时，比如问卷中勾选的用工方式多于被访谈对象所陈述的方式时，我们以信息内容最大化为原则吸纳了所有的观点。因此，这些问题对研究的影响不大。

1.3.2 研究参与社会化用工的劳动者的方法

为了解参与社会化用工的劳动者的人口结构特点、就业状态、工作条件、工作质量等内容，我们通过半结构式深度访谈和问卷调查方法收集了参与社会化用工的劳动者的数据资料。在收集经验资料的过程中，我们以信息多样化和理论饱和为原则并通过最大差异法和线人介绍法选择被访对象，采用半结构式深度访谈法访谈了房地产、金融、影视文娱及互联网行业内从事社会化用工工作的劳动者43人。

被访对象大多来自采用社会化用工方式的企业端被访者的推荐。这样做一方面可以验证企业端被访者提供的信息的真实性，另一方面可以从劳动者端深入了解劳动者在被访企业社会化用工方式下的工作情况、工作条件以及工作质量等内容。我们依据信息多样化及理论饱和原则筛选被访者，当被访企业推荐的被访劳动者候选人不适用上述原则时，我们根据已访对象的特征采用最大差异法寻找具有典型性的被访对象直至理论饱和。被访劳动者的基本情况见表1-2。

表1-2　　　　半结构式深度访谈劳动者基本情况表

行业		金融	房地产	影视文娱	互联网	总计
数量		9	7	17	10	43
就业状况	自由职业	2	2	11	3	18
	兼职，有本职	5	3	6	7	21
	劳务派遣	2	2	—		4
性别	男	5	4	6	4	19
	女	4	3	11	6	24
年龄	20～30岁	2	2	10	5	19
	31～40岁	6	5	6	3	20
	41～50岁	1	—	—	2	3
	51～60岁	—	—	1	—	1
婚育状况	未婚	2	2	12	4	20
	已婚未育	2	2	1	1	6
	已婚已育	5	3	4	5	17
文化程度	大专以下	1	2	—	1	4
	大专及本科	8	4	16	9	37
	研究生	—	1	1	—	2

从表1-2中可以看出，43个被访对象在金融、房地产、影视文娱及互联网行业中的分布情况分别为9、7、17、10，被访者的数量分布与这些

行业中的企业使用社会化用工方式的规模以及行业中被访企业的数量相关，例如影视文娱行业因为普遍使用社会化用工方式，因此被访企业数量在被访的行业中最多，相应地，被访劳动者也最多。从被访者的性别构成来看，参加社会化用工的女性被访者总体较多，但在不同行业中有所差异，比如金融和房地产行业有更多的男性被访者从事社会化用工工作。从就业状况来看，有本职工作并通过社会化用工方式从事兼职的被访者最多，以自由职业者身份从事社会化用工工作的被访者居其次。从被访者的年龄结构来看，40岁以下从事社会化用工工作的劳动者居多。从婚育状况以及文化程度来看，未婚和拥有大专及本科学历从事社会化用工工作的被访者居多。

除深度访谈社会化用工的合作者之外，我们还采用问卷调查方法收集从事社会化用工工作的劳动者的人口学特征、就业状态，参与社会化用工的动因、渠道，在社会化用工中的工作质量、工作条件等内容作为本研究的补充资料。因为我们无法确定从事社会化用工工作的劳动者总体以及在具体的行业、地区等方面的分布，所以通过互联网发放调查问卷是最可行的方式[①]。我们回收了有效样本1 000份，其中从事社会化用工工作的劳动者有707人。

针对参与社会化用工的劳动者的研究虽存在一定的局限性，但并不影响本书的研究结论。一方面，被访对象和接受问卷调查的劳动者并不完全重合，因此其性别构成、行业分布等具有差异，同时增强了调查资料的丰富性。此外，由不同资料得出的相同的结论能够强化我们关于社会化用工的研究结论。另一方面，由于成本和时间因素的限制，我们回收的有效样本量偏低，这虽然会影响研究结果被推广至总体的能力，但并不影响其反

---

① SHEVCHUK A，STREBKOV D，DAVIS S N.The autonomy paradox：How night work undermines subjective well-being of internet-based freelancers［J］. ILR Review，2019，72（1）：75-100.

映参与社会化用工的劳动者劳动情况的能力。

1.4 结构安排

本书由13章组成，分别从社会化用工的文献梳理、概念和理论体系、实证研究以及政策建议等方面概念化社会化用工，目的在于提供客观的、以实证为基础的社会化用工方式研究结论，为企业的用工管理实践和政府劳动保障政策的制定提供支持。

第1章为导论，由研究背景引出本书的研究问题并介绍研究方法。

第2章为文献综述。我们首先辨识了组织常用的8个用工方式的概念。这8个概念是对当前所有的具体用工方式的粗略划分，概念之间有互斥部分，也有交叉和重叠部分。我们辨析各个概念之间的差异，为社会化用工找到一个更合适的上层概念。其次，我们以“替代性工作安排”作为社会化用工概念的上层概念，并从历史的角度梳理替代性工作安排是如何产生和发展的。我们比较了替代性工作安排在西方国家和我国产生的原因。最后，我们通过对替代性工作安排概念体系下具体用工方式概念的梳理，指出替代性工作安排概念体系存在的问题，为社会化用工概念的提出奠定基础。

第3章为社会化用工的定义和特点。我们先提出社会化用工的概念，并对照替代性工作安排明确前者在概念体系中的位置，在此基础之上阐述社会化用工产生的原因。

第4章为社会化用工理论框架，包括企业采用社会化用工的原因，社会化用工方式所包含的具体用工模式、用工渠道、结算方式和管理方式等内容。当然，社会化用工理论框架的提出得益于我们对五大行业68家企业的管理者和43名社会化用工从业者的半结构式深度访谈和文本资料分析。

第5章至第9章详细介绍社会化用工在影视文娱、房地产、金融、医疗健康、互联网行业中的运行情况；第10章比较了社会化用工在上述行业中的异同。

第11章重点介绍从事社会化用工工作的劳动者，从人口学特征、行业企业分布以及在社会化用工中的工作状态等方面着手，勾勒参与社会化用工的劳动者状况。

第12章主要从政府角度来看市场规则制定者如何治理社会化用工中产生的劳动问题和在此过程中面临的治理困境与难题。

第13章是总结和展望部分。我们根据研究结论，就社会化用工方式向政府、企业、人力资源服务机构以及劳动者提出具有建设性的意见和建议，力求促进劳资双方在社会化用工中实现效率与公平间的平衡。

第2章
文献综述

鉴于本书的研究目的之一是在实地调研的基础上提出一个用工方式的概念，我们需要分析既有用工方式概念中是否存在问题以及存在哪些问题，以便于我们更好地提出“社会化用工”这个概念。根据我国的劳动法律制度，我们发现组织采用的用工方式分为标准雇佣关系、非标准雇佣关系和非雇佣关系这三类。我们在对上述三类用工方式的概念进行梳理后发现，学界对标准雇佣关系之外的用工方式缺乏统一的概念界定，存在非标准雇佣、非正规雇佣、经济性工作、灵活用工、替代性工作安排、弹性积累和不稳定工作等概念表述。这些概念虽然均以标准雇佣关系为参照，但在内涵和外延方面各有侧重，又相互交融。在识别各种概念后，我们发现，关于替代性工作安排，虽然没有明确的定义界定其内涵和外延，但有学者通过列举的方式阐明了这个概念是非标准雇佣关系和非雇佣关系的统称。因此，我们以替代性工作安排作为标准雇佣关系之外所有用工方式的统称，并以此概念作为后续文献梳理的基础。我们对替代性工作安排的历史演变及内部的用工方式概念进行梳理后发现，虽然替代性工作安排自出现以来在全球范围内得到了迅速发展，从事替代性工作安排的劳动者的总量日益增大，但学界对这一概念内部的具体用工方式的概念缺乏系统的梳理和公认的归类。所以，我们有必要在替代性工作安排之下重新划分这些无序的用工方式，从而弥补替代性工作安排内部的分类缺失。

2.1 用工方式辨识

2.1.1 标准雇佣

国际劳工组织（International Labour Organization，ILO）在2016年发布的《世界非标准就业：理解挑战，塑造未来》（Non - standard Employment Around the World：Understanding Challenges，Shaping Prospects）中将标准雇佣定义为“全日制、无固定期限、构成双方从属雇佣关系一部分的工作”①。这就说明，标准雇佣关系主要指劳资双方存在全日制的无固定期限的劳动关系。在我国，按照《中华人民共和国劳动合同法》（以下简称《劳动合同法》）的相关规定，标准雇佣是用人单位和劳动者签订的无固定期限劳动合同，也就是劳动者按照标准工时制（每天工作8小时，每周工作5天）在用人单位指定的工作场所工作，用人单位按照劳动合同中双方的约定按月向劳动者支付劳动报酬的用工方式。标准雇佣类似于我国在计划经济时期实行的“铁饭碗”“固定工”等劳动体制。

从历史的角度来看，标准雇佣并不属于组织整合劳动力资源的主流方式，而只是工业经济范式下企业常用的用工方式②，特别是在第一次工业革命至19世纪末期之间。在前工业社会，劳动者与劳务产品购买者之间进行简单交换，劳务购买者除消费劳务之外并无生产经营目的。在前工业社会向工业社会转变的过程中，家庭包工制或包买商制出现，包买商以生

① 国际劳工局．世界非标准就业：理解挑战，塑造未来［R］．日内瓦：国际劳工组织，2017.

② KALLEBERG A L.Precarious live：Job insecurity and well-being in rich democracies［M］. Cambridge，UK：Polity Press，2018.

产经营为目的开始主导生产过程，向劳动者购买劳务，此时劳动者给付的不再是独立的产品，而是包买商生产产品过程中投入的生产要素。[①]随着第一次工业革命的爆发，人类进入了以机器代替手工劳动、以工厂制代替手工工场的新时代，“圈地运动”迫使劳动者从手工业者彻底沦为依附于资本的流水线操作工人。劳动者只能通过出卖劳动力来换取劳动报酬，从事由雇主安排的标准化流水线生产活动。此时，劳动力只有依附于资本才能创造价值，因此具有从属性的“主仆式”标准雇佣关系产生且在组织的用工方式中独占鳌头。第二次世界大战之后，福利国家兴起，西方国家陆续出台各种劳动保障政策来保障标准雇佣关系中的劳动者的劳动权益。战后的三四十年间是标准雇佣方式蓬勃发展的阶段，但是随着经济全球化的发展，企业在国际市场中的竞争加剧，福利国家制度和庞大的科层制组织架构以及单一的用工方式致使企业的生产成本上升，因此企业面临利润危机。19世纪六七十年代，在全球化和科技进步的背景下，企业为在市场竞争中获取更大的生存发展空间开始寻求组织变革，标准雇佣方式之外的其他用工方式出现[②]。

从属性是雇佣关系的根本特征。从属性包括人身从属性、组织从属性和经济从属性。

人身从属性表现为劳动者的劳动过程需要严格遵守组织的规章制度，劳动者的劳动过程和劳动结果需要接受组织的监督和评估。组织有权对劳动者的工作表现给予奖惩。

组织从属性表现为劳动者需要与组织内的其他劳动者协作方能完成组织安排的工作任务，劳动者所提供的劳动是组织生产经营的组成部分，劳动者作为组织生产系统中的一部分，需要在工作时间内听从组织的安排，

---

① 粟瑜，王全兴．我国灵活就业中自治性劳动的法律保护［J］．东南学术，2016（3）：104-113.

② KALLEBERG A L. Precarious live：Job insecurity and well-being in rich democracies［M］. Cambridge：Polity Press，2018.

服从组织的指挥和控制。

经济从属性主要表现在两个方面：一是劳动者从事生产所需要的生产工具、生产原料、工作场所等生产资料由企业提供。生产经营所需的机器设备、场地、资本以及劳动力等生产要素由企业购买，雇佣即企业从劳动力市场中购买劳动力的行为，也成为劳动力与其他生产要素结合的前提条件。二是企业支付给劳动者的劳动报酬为劳动者主要的生活来源。劳动者向雇主出卖劳动力是劳动者获取收入来源的唯一途径。

综上，从属性是劳资双方关系的重要判断依据。除从属性之外，标准雇佣关系的重要特征还包括雇佣关系的长期性、稳定性以及工作时间和工作地点的确定性。

雇佣关系的长期性和稳定性主要表现在两个方面：一是劳动合同期限的长期性，即双方签订的是无固定期限劳动合同，或者企业除法定解雇情形外，不得以其他原因解除劳动关系；二是劳动者的工作内容和工作状态具有稳定性和可预见性，企业能够根据劳动者的工作岗位提供相应的职业培训和职业发展路径。

工作时间和工作地点的确定性是指劳资双方根据劳动合同中关于工作时间和地点的约定履行劳动合同。劳动者的工作时间在一般情况下为标准工时制，即劳动者每天工作时间不超过8小时，每周工作5天。如果企业根据劳动者的工作岗位需要执行综合工时制或不定时工时制，则要获取当地劳动行政部门的审批。企业在工作时间之外需要安排劳动者劳动的，要按照法律规定向劳动者支付加班费。劳动者的工作场所一般为企业的生产经营场所，如果企业根据生产经营活动需要调整劳动者的工作场所，则要按照法律的规定与劳动者协商一致。

2.1.2 非标准雇佣

国际劳工组织在《世界非标准就业：理解挑战，塑造未来》中提出了“非标准雇佣”（non-standard employment）这一概念，认为非标准雇佣是

“标准雇佣关系”范围之外的工作。该组织虽未能给出明确的定义，但通过列举的方式阐明了这一概念涵盖四种用工方式。遗憾的是，国际劳工组织对非标准雇佣方式的列举具有一定的局限性，因为它并未将劳动者的自我雇佣行为完全涵盖在内。

国际劳工组织认为非标准雇佣包括临时性雇佣、非全日制雇佣、临时介绍所工作和其他多方雇佣关系、隐蔽性雇佣关系和依赖性自雇[①]，并列举了每种用工方式所包含的具体用工模式。图2-1为非标准雇佣所包含的各种用工模式关系图，由我们根据国际劳工组织对非标准雇佣分类中各种用工模式的描述绘制。

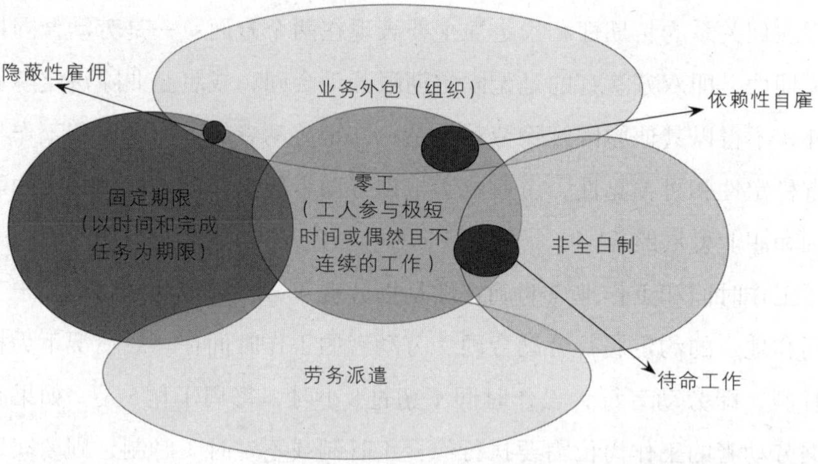

图2-1　非标准雇佣所包含的各种用工模式关系图

（1）临时性雇佣

国际劳工组织认为临时性雇佣是指组织在具体的一段时间内需要工人参与工作，包括固定期限工作、季节性工作或临时工作、日结工资的工作。其中，固定期限工作是指雇佣安排的终止直接或间接地与某些条件相

① 国际劳工局．世界非标准就业：理解挑战，塑造未来［R］．日内瓦：国际劳工组织，2017.

关，比如特定日期、特定事件或完成特定任务或项目[①]。零工（casual work）或零散性工作是指工人参与极短时间或偶然且不连续的工作，一般时限为几小时、几天或几周，工资也按日或按固定周期的工作安排计算。

（2）非全日制雇佣

非全日制工作（part-time work）主要指工作时间少于相应全日制工作时间的工作。国际劳工组织在《1994年非全日制工作公约》（第175号）中将非全日制工人定义为正常工时（按周或给定时间段计算）少于相应全日制工人的雇员[②]。许多国家在非全日制和全日制工作的具体划分方面有明确规定，从而在法律上定义了非全日制工作（见表2-1）。比如，我国《劳动合同法》规定，非全日制用工是指以小时计酬为主，劳动者在同一用人单位一般平均每日工作时间不超过4小时，每周工作时间累计不超过24小时的用工形式。另外，在我国劳动关系法律制度中，非全日制用工模式下的劳动者和用人单位之间的关系属于劳动关系，只是劳动者为用人单位工作的时间可能非常短，或没有可预见的固定时间，雇主也没有义务为劳动者提供相应的社会保障，比如养老保险、医疗保险等。

表2-1　　非全日制工作的界定标准和对应国家

非全日制工作的界定标准	对应国家
各方商定工作时间少于正常/法定的工作时间	奥地利、比利时、保加利亚、佛得角、克罗地亚、德国、希腊、匈牙利、冰岛、爱尔兰、意大利、韩国、拉脱维亚、卢森堡、罗马尼亚、土耳其、越南、西班牙、尼日尔、瑞典
最大工时数	巴西（每周25小时）、中国（每天4小时、每周24小时）、新加坡（每周35小时）、厄瓜多尔（每天6小时或每周30小时）、多米尼亚（每年1 760小时）、塞舌尔（每周25小时或3天）

① 国际劳工局．世界非标准就业：理解挑战，塑造未来［R］．日内瓦：国际劳工组织，2017.

② 国际劳工局．世界非标准就业：理解挑战，塑造未来［R］．日内瓦：国际劳工组织，2017.

续表

非全日制工作的界定标准	对应国家
占全日制工时的最大比例	安哥拉（全日制雇员正常工时的2/3）、智利（正常工时的2/3）、马里（法定或常规工时的80%）、马来西亚（全日制雇员正常工时的70%）、沙特阿拉伯（企业每日工时惯例的50%）
最小工时数	阿尔及利亚（最少为法定工时的50%）、丹麦（集体合同可设定每周最少15小时）、法国（原则上每周不少于24小时）、圣马力诺（出于社会保障原因，非全日制工作时间每天不能少于4小时，每周不能少于18小时，每月不能少于78小时，且不能少于合同工时的50%）

资料来源：国际劳工局．世界非标准就业：理解挑战，塑造未来［R］．日内瓦：国际劳工组织，2017.

国际劳工组织认为“零工时合同”（zero-hour contract）属于非全日制劳动合同中的一种，“零工时工作”一般也被称为“待命工作”（on-call work）。这种工作方式在欧洲国家较多，近些年广泛流行于英国[①]。虽然学界尚未对这种工作安排（work arrangement）做出明确的定义，但这一概念被英国政府界定为“一种雇主没有义务向员工保障任何工作任务，而员工也没有义务承诺必须接受雇主安排的任何工作任务的雇佣关系”[②]。“零工时合同”在欧洲被大规模采用的主要原因是企业能够通过高度不稳定且工时不可预见的工作安排来适应不断变化的市场需求，从而节约用工成本。“零工时工作”的主要特征是企业的工作安排具有临时性、不确定性、无保障性，工人可能长期处于待命状态[③]。因此，在一些发达国家，这类

① FARINA E，GREEN C，MCVICAR D. Zero hours contracts and their growth［J］. British Journal of Industrial Relations，2020，58（3）：507-531.

② FARINA E，GREEN C，MCVICAR D. Zero hours contracts and their growth［J］. British Journal of Industrial Relations，2020，58（3）：507-531.

③ CIPD. Zreo hours and short hours contracts in the UK：Employer and employee perspectives［R］. London：Chartered Institute of Personnel and Development，2015.

工作还被称为“不稳定性工作”[①]。

(3) 临时介绍所工作和其他多方雇佣关系

临时介绍所工作（temporary agency work）主要指工人为某企业提供服务但不受其直接雇佣，而是受到中介机构的派遣或指派并从该机构处获得报酬和社会保障。在大多数国家，中介机构会与工人签订劳动合同，再与用人企业签订商务合同。这种临时介绍所工作相当于我国的劳务派遣(具体内容将在第7章重点阐述)。

除临时介绍所工作外，分包（subsourcing）也是多方雇佣关系的重要表现形式。分包主要指企业（发包方）将商品或服务外包给承包商完成，承包商根据工作结果对企业负责。分包和临时介绍所工作的主要区别在于承包商是向发包人提供商品或劳务还是出租工人，发包方是否管理承包商的工人（具体内容将在第7章重点阐述）。

一些国家和地区对分包和临时介绍所工作做出了法律层面的区分。比如《刚果共和国劳动法典》规定，分包是“企业家与另一企业家签订协议，同意开展全部或部分特定工作，或以固定价格提供服务。分包商直接雇佣其人员，破产时委托人必须承担工人部分或全部权利的相应责任”[②]。

除了上述两种常见的多方雇佣关系形式外，在经济全球化的背景下，依托全球产业链的其他合同形式，如特许经营等，同样会影响处于全球产业链末端的企业内部的用工方式和劳动条件[③]。

(4) 隐蔽性雇佣和依赖性自雇

国际劳工组织在2006年发布的《雇佣关系建议书》（第198号）将隐

---

① KALLEBERG A L, VALLAS S P. Precarious work: Causes, characteristics, and consequences [M]. Bingley: Emerald, 2018.

② 国际劳工局. 世界非标准就业：理解挑战，塑造未来 [R]. 日内瓦：国际劳工组织，2017.

③ LAKHANI T, KURUVILLA S, AVGAR A. From the firm to the network: Global value chains and employment relations theory [J]. British Journal of Industrial Relations, 2013, 51 (3): 440-472.

蔽性雇佣（disguised employment）或伪自雇就业（bogus self-employment）定义为“雇主以独立个体而非雇员对待工人，以隐藏其真实的雇员法律状态”[①]。该定义表明有的雇主通过第三方雇佣工人，或通过不与工人签订雇佣合同而是与其签订商务合同或合作合同的方式来掩盖其雇主的身份，不仅如此，这些雇主还以一种与工人自我雇佣身份不相符的方式指挥并监督其工作。学界将这种用工方式形象地描述为有雇佣关系之实却无雇佣关系之名（de facto self-employment）[②]。

依赖性自雇（independent self-employment）主要指工人根据民事或商务合同为企业提供服务但其收入仅依赖于一个或几个客户，并且在工作方式方面接受客户直接指示。

在国际劳工组织看来，这两种用工模式属于雇佣的“灰色地带”，即劳动者与组织之间在形式上属于民事合同关系，但在实质上属于雇佣关系。

有学者认为依托于互联网和数字技术的“零工经济”（gig-economy）是非标准雇佣中的一部分。[③]零工经济中的工作表现形式为众包工作（crowdwork）和按需工作（work-on-demand）。众包工作是指互联网平台运用数字技术匹配全球劳动力供需市场，消费者可以在互联网平台上发布工作任务，平台将工作任务匹配给“适合”的劳动者完成。按需工作是指劳动者听从软件的指令，完成软件安排的传统工作，如出行、家政等方面的工作。经营软件的企业设定完成工作的最低质量标准，并对劳动者的劳动

---

① 国际劳工局．世界非标准就业：理解挑战，塑造未来［R］．日内瓦：国际劳工组织，2017.

② CRUZ K，HARDY K，SANDERS T. False self - employment， autonomy and regulating for decent work：Improving working conditions in the UK stripping industry［J］. British Journal of Industrial Relations，2017，55（2）：274–294.

③ DE STEFANO V. The rise of the just-in-time workforce：On-demand work，crowdwork and labour protection in the gig-economy［Z］. ILO Working Paper No.71，2016.

过程进行干预。[①]由于上述两种工作形式均具有工作需求不可预知、工作时间和收入来源不可预知的特征，因此零工经济属于非标准雇佣[②]。

根据国际劳工组织对非标准雇佣概念的描述和分类，我们可以看出，非标准雇佣概念虽然既包含非标准雇佣关系，又包含非雇佣关系，但更侧重于非标准雇佣关系。另外，国际劳工组织将独立自雇者排除在非标准雇佣概念之外，更说明这个概念偏重于强调企业和劳动者之间的非标准雇佣关系。

除国际劳工组织外，经济合作与发展组织（OECD）也对非标准雇佣做出过定义。该组织认为，非标准雇佣主要包括临时雇佣和非全职制工作[③]。虽然学术界和实务界尚未对临时雇佣做出统一的界定，但OECD在《雇佣展望2002》中对临时工作的界定为“有限期内的独立雇佣”。这一概念的界定将临时雇佣中的“临时”和标准雇佣中的“长期”分离开来。该组织认为临时工作包含固定合同期限的工作、临时介绍所工作、以特殊工作任务为合同期限的工作、季节性工作、待命工作和日结工作等。由此可见，OECD界定的非标准雇佣主要是非标准雇佣关系的用工形式，并不涉及非雇佣关系的用工形式。

2.1.3　非正规就业

非正规就业（informal employment）概念主要是从劳动者就业状态角度定义的，是指雇员的劳动关系在法律或者实际意义上不受国家劳动法律

---

① ALOISI A. Commoditized workers：Case study research on labor law issues arising from a set of “on-demand/gig economy” platforms［J］. Comparative Labor Law and Policy Journal，2016，37（3）：620-653.

② BERG J，DE STEFANO V. Beyond “causal work”：Old and new forms or casualization in developing and developed countries and what to do about it［Z］. Presentation at the Ⅳ Regulating for Decent Work Conference，Geneva：ILO，2015.

③ OECD. Employment outlook 2002［M/OL］. Paris：OECD，2002：127-185［2022-12-18］. http：//www.oecd.org/dataoecd/36/8/17652675.pdf.

法规和收入所得税制度保障，劳动者无法享受社会保护以及一定的员工利益（如解雇前的提前通知、经济补偿、带薪休假等）。国际劳工组织在1972年首次提出这一概念，随后又拓展了其内涵。国际劳工组织在《就业、收入和平等：肯尼亚增加生产性就业的战略》中提出非正规就业就是劳动者在非正规部门中的就业。该报告指出，在城市就业的大部分劳动者并不是在受国家管理和支持的正规部门工作的工人，而是在非正规部门就业的“工作中的穷人”（working poor），例如规模小且不受国家法律制度保护的小商小贩、理发工、厨师、木匠等。

1993年，国际劳工组织在第15届国际劳工统计大会（International Conference of Labour Statisticians，ICLS）上发布的报告中进一步将非正规部门扩展为“发展中国家城市地区那些低收入、低报酬、无组织、无结构的小规模的生产或服务单位”。从此概念来看，非正规就业不仅指非正规部门的就业，也包括正规部门的非标准工作。

国际劳工组织在非正规就业的概念框架下，将以下6类人员界定为从事非正规就业的劳动者：①自雇于自有的非正规部门的人员；②在自有的非正规部门就业的人员；③家政服务人员，无论他们是在正规部门还是在非正规部门工作；④非正规生产者合作社成员；⑤正规部门企业和非正规部门企业中的非正规就业者，或家庭所雇佣的家政服务人员；⑥根据第13届ICLS通过的《关于经济活动人口、就业、失业和不充分就业统计的决议》第9段（6）中的“就业”的定义，生产仅为其家庭所用的产品的自雇工人[①]。

在我国，李强等学者在国际劳工组织对非正规就业的定义的基础上，认为非正规就业广泛存在于非正规部门和正规部门，是一种有别于传统雇佣的就业形式。他们认为，非正规就业包括非正规部门里的各种就业门

---

① 国际劳工组织．关于非正规部门就业统计定义的指导方针［S］．日内瓦：国际劳工组织，2003.

类，正规部门里的短期临时就业，非全日制就业、劳务派遣就业、分包生产或服务项目的外部工作人员等，即正规部门里的非正规就业[①]。

由此可见，非正规就业不仅包括非正规部门的就业和正规部门的非正规就业，而且包含在正规部门不受劳动法律制度保护的就业。因此，非正规就业和非标准雇佣之间的最大区别在于是否将劳动者的自我雇佣方式纳入其中。换言之，非标准雇佣中的劳动者均属于非正规就业的劳动者。由于非正规就业概念还包括非正规部门的雇主、家庭工作者等非雇佣模式下的劳动者，他们属于雇主或与雇主之间不存在用工关系的劳动者，比如小商贩等，所以，非正规就业既指劳动者与企业建立非标准劳动关系的就业方式，又指劳资之间存在非劳动关系的就业方式，还指劳动者不与企业建立任何关系的就业方式。

2.1.4 经济性工作定义

"经济性工作"（economic work）由卡佩利（Cappelli）和凯勒（Keller）两位学者提出，虽然他们未对经济性工作给出明确的定义，但他们认为这个概念是相对于传统雇佣关系而言的。由于美国已有超过15%的工人从事有别于传统雇佣的经济性工作，但目前经济性工作的内部分类边界模糊，因此他们按照劳动过程控制的来源和程度、工作关系的合同性质以及所涉及的主体，对经济性工作内部进行了归类和划分[②]（见图2-2）。

图2-2显示，经济性工作分为雇佣工作和合同工作两部分，即包含非标准雇佣关系和非雇佣关系两部分。雇佣工作部分按照企业对劳动者劳动过程控制的来源和程度，分为直接雇佣（直接控制）和间接雇佣（共同控制）。

---

① 李强，唐壮．城市农民工与城市中的非正规就业［J］．社会学研究，2002（6）：13-25.

② CAPPELLI P，KELLER J R. Classifying work in the new economy［J］. Academy of Management Review，2013，38（4）：575-596.

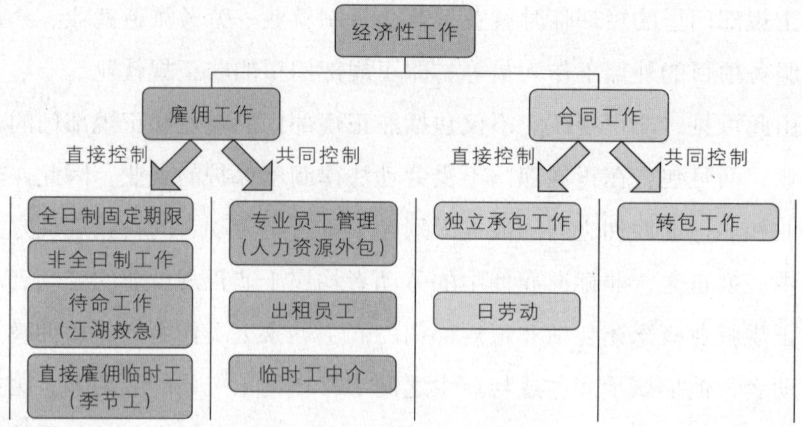

图2-2　经济性工作内部类别划分

直接雇佣中的四种形式均为非标准雇佣，卡佩利和凯勒将待命工作与非全日制工作并列，而非国际劳工组织所称的包含与被包含的关系。在间接雇佣中，他们罗列了三种用工模式，即专业员工管理、出租员工以及临时工中介。这三种用工形式在我国均可以概括为劳务派遣。

在合同工作部分，他们将合同工作分为直接与劳动者个人建立合同关系以及与具有独立法人资格的组织建立合同关系两种类型。其中，独立承包工作的特点是独立承包商为自己干活，直接与顾客建立合同关系，工作过程由劳动者说了算，但工作结果在合同中详细阐明。独立承包商和顾客之间因项目而合作，每个项目的内容和时间长短都不一样。独立承包商同时为很多顾客工作，完成每个项目所需的工作时长不一样。日劳动主要指劳动者基于一项工作而合作，持续一到三天，也可能会与同一组织反复合作，双方缺乏正规的合同，通常根据环境等因素协商价格和任务。

由此可见，经济性工作既包括非标准雇佣关系，又包含非雇佣关系，但卡佩利和凯勒对这个概念的分类依据为劳动者是否被雇佣，即从劳动者的角度进行分类。虽然在专业员工管理、出租员工以及临时工中介这三种用工形式中，用工企业并未与劳动者建立雇佣关系，但经济性工作的归类思路为我们对替代性工作安排进行分类带来了启发。

2.1.5 灵活用工

灵活用工这个概念在中国常用，但在2020年之前并未有明确的内涵和外延。人们通常用它泛指企业不与劳动者建立无固定期限劳动合同关系的所有用工方式，但由于缺乏明确的概念限定，每个人对灵活用工的理解不尽相同。2020年，中国人民大学劳动人事学院课题组[①]在《中国灵活用工发展报告（2021）》中将“灵活用工”定义为“雇佣组织（企业、平台组织、非营利性组织、公共服务组织等）以标准雇佣之外的方式进行人力资源配置的用工安排，主要分为以下六种类型：劳务派遣、业务外包、人力资源外包、互联网平台用工、传统零工（非全日制用工、兼职、日结、自雇合作）、实习”。该定义一方面对灵活用工方式的使用者即“雇佣组织”进行了细化，引入了当前兴起并迅速发展的新的组织形式——互联网平台组织，另一方面将灵活用工的外延框定在“标准雇佣之外”。从对概念外延的划定来看，灵活用工和替代性工作安排这两个概念所涵盖的内容是一致的，即均指标准雇佣关系之外的一切用工方式。

相较于非标准雇佣、非正规就业等概念，灵活用工增加了互联网平台用工这种依托于数字技术的新型用工方式。但是，定义中关于用工方式的列举应该在一个概念层次上，且各项之间应该具有互斥性[②]。而我们反观灵活用工的内涵可以发现，业务外包和人力资源外包并非一个层次上的概念，因为人力资源外包是业务外包中的一种具体的形态。另外，互联网平台用工特指平台使用外部劳动力的统称，而非明确的、具体的用工方式。

---

① 该课题组由中国人民大学劳动人事学院杨伟国教授担任组长，由吴清军教授担任执行负责人，成员包括汪建华、陈雯、韩轶之等人。

② CAPPELLI P，KELLER J R. Classifying work in the new economy [J]. Academy of Management Review，2013，38 (4): 575-596.

换言之，不同类型的互联网平台具体使用劳动力的方式随业务的不同而不同，有的直接采用业务外包方式，有的则采用劳务派遣、固定期限劳动合同或者以完成一定任务为期限的劳动合同等方式。所以，互联网平台用工和劳务派遣、实习等方式也并非一个层次上的概念。

2021年，中国人民大学劳动人事学院课题组[①]在《中国灵活用工发展报告（2022）》中将“灵活用工”的内涵进一步缩小为“传统零工、互联网平台用工和实习”[②]。其中，传统零工为“非全日制、兼职、日结、依附性自雇等用工方式的集合”。互联网平台用工指“平台依据数字化技术对生产（服务）经营进行计划、组织、指挥、协调和控制等一系列活动，在生产（服务）投入阶段，平台组织依托数字化技术对劳动者的劳动结果、劳动过程进行不同程度的管理和控制”。实习指的是“职校、技工学校和大专院校学生按照专业培养目标要求和人才培养方案安排，由学校安排或者经学校批准自行到企事业单位进行专业技能培养的实践性教育教学活动”。课题组期望通过狭义的灵活用工来概指不受劳动法律约束的用工形式。但与此前相同的是，灵活用工的这三种类型同样不具有互斥性。换言之，平台用工中也存在兼职方式，同样被很多学者认定为依赖性自雇。另外，在非全日制用工中，劳动者与用人单位之间的关系仍旧属于劳动关系。

2.1.6 弹性积累

戴维·哈维（David Harvey）提出，“弹性积累”（flexible accumulation）指资本主义国家的劳动过程、劳动力市场以及生产和消费模式在全球化进程中表现出充分的“弹性”，这与福特制时期的“稳定的”“刚性的”经济

---

① 该课题组由中国人民大学劳动人事学院杨伟国教授担任组长，由吴清军教授担任执行负责人，成员包括汪建华、陈雯、熊赟、万钇宏、何冠霖、赵峪和简新月。

② 杨伟国，吴清军，张建国，等. 中国灵活用工发展报告（2022）[M]. 北京：社会科学文献出版社，2021.

秩序截然相反。弹性积累有三个层次，其中包括弹性生产和弹性雇佣。弹性生产指企业针对迅速变化的市场需求或订单及时做出调整，通过多样化生产、小批量生产来满足个性化的市场需求、降低滞销风险和成本。此外，弹性生产还表现为产品并非由一国的企业生产，而是通过全球价值链寻找成本最低、市场广阔的生产国和销售市场。企业的弹性生产势必会影响雇佣方式，弹性雇佣应运而生。弹性雇佣主要表现为企业减少标准雇佣的工作岗位，增加弹性化的工作方式。

弹性化的工作方式具有三个特点：一是劳动弹性，劳动者不再与企业形成长期的、稳定的雇佣关系；二是薪酬弹性，企业根据劳动者个人情况设定薪资待遇，而非按照与工会的集体协商成果给每个职位上的人发放均等的、固定的薪酬；三是工作时间弹性，企业不再统一执行标准工时制，而是采用弹性工时制或部分工时制。“弹性雇佣”强调企业的用工方式在后福特时期相较于“标准雇佣”方式在合同期限、工作时间和薪酬待遇方面的“弹性化”现象。

2.1.7 不稳定工作

不稳定工作（precarious work）这一概念主要指标准雇佣关系之外各种不确定的、不稳定的并缺乏社会保障的工作[①]，主要包括兼职工作、临时工作、零工、自由职业、独立承包工作、临时介绍所工作、众包工作、小时工、待命工作、日工作等。由此可见，这一概念是从劳资关系稳定性、保障性的角度概括的，并具有一定的批判性。

阿尼·克拉博格（Arne L. Kalleberg）将不稳定工作的特征总结为以下三点：一是工作是不安全的和不确定的。不安全意味着有失业的风险，且不确定未来能否找到新工作；不确定指工作的不可预测性，即工人无法

---

① ADAMS Z，DEAKIN S. Institutional solution to precariousness and inequality in labour markets [J]. British Journal of Industrial Relations，2014，52 (4)：779-809.

控制工作条件和工作方式。二是工作提供有限的经济和社会福利，比如医疗保险和养老保险等。三是劳动法律制度赋予参与不稳定工作的劳动者有限的劳动权益和法律保护①。

有学者认为，虽然不稳定工作长期存在于资本主义发展的各个时期，但是在后福特时期，大量企业为了在全球化的市场竞争中获利，纷纷采取新的生产组织方式，而这种生产组织方式能够帮助企业减少固定工、增加用工弹性、降低工人组织成工会的可能性，进而节约用工成本并将用工风险转嫁至劳动者。因而，在这一时期之后，在全球化、金融化、去工会化以及数字技术变革的影响下，不稳定工作将在全球范围内得以大规模扩张②。

2.1.8 替代性工作安排

替代性工作安排（alternative work arrangements）这一概念在美国常用。与灵活用工（广义）类似，此概念虽然没有明确的定义，但从概念的外延来看，是相对于标准雇佣方式而言的，包含企业与劳动者之间建立标准雇佣关系之外的一切用工方式。

美国经济学家艾伦·克鲁格（Alan B. Krueger）指出，替代性工作安排包括临时介绍所工作、待命工作（包含非全日制工作）、合同工作以及独立承包或自由职业工作等③。由此可见，替代性工作安排强调企业采用有别于标准雇佣关系之外的所有用工方式，囊括了非标准雇佣关系和非雇佣关系。

---

① KALLEBERG A L. Precarious live：Job insecurity and well-being in rich democracies [M]. Cambridge，UK：Polity Press，2018.

② KALLEBERG A L，VALLAS S P. Precarious work：Causes，characteristics，and consequences [M]. Bingley：Emerald，2018.

③ KATZ L F，KRUEGER A B. The rise and nature of alternative work arrangements in the United States，1995-2015 [J]. ILR Review，2019，72（2）：382-416.

综上，通过对标准雇佣、非标准雇佣、非正规雇佣、经济性工作、灵活用工、弹性积累、不稳定工作、替代性工作安排的概念及所涵盖的具体用工模式的梳理，我们可以看出这些概念在内涵和外延方面各有侧重，相互交融，且有些概念既包含非标准雇佣关系，又包含非雇佣关系。这意味着企业在这类概念下既可能与劳动者存在劳动关系，又可能与劳动者存在工作或者合作关系。根据我国的法律规定，企业在非标准雇佣关系和非雇佣关系中的角色不同，承担的责任和履行的义务也不尽相同。因此，我们有必要提出一个细分概念将非标准雇佣关系和非雇佣关系区分开。

通过对上述概念的识别，我们发现替代性工作安排和灵活用工（广义）概念是从企业用工角度来界定的，且概念的外延均是标准雇佣方式之外的所有用工方式。不仅如此，替代性工作安排相较于灵活用工（广义）而言，内部用工模式没有固定的类属划分，所以更便于本书对此概念下的具体用工模式进行归类和划分，并在此基础上提出新的概念。同时，为了表述上的精简，本书用“替代性工作安排”作为非标准雇佣和非雇佣方式的统称，并在此概念的基础之上梳理其历史变迁，辨析其内部用工模式。

2.2 替代性工作安排的历史变迁

我们以时间为主线，挖掘替代性工作安排在国内外的历史发展脉络，发现替代性工作安排的出现存在中外差异，但不可否认替代性安排在全球范围内的迅速发展是生产技术进步、个性化的消费市场需求以及经济全球化给企业带来的竞争压力等多种因素共同交织的必然产物。特别值得一提的是，互联网、大数据、云计算、人工智能等数字技术催生的新型用工方式，推动替代性工作安排朝着多样化和多渠道方向迈进。

2.2.1 替代性工作安排在西方国家的出现和发展

18世纪60年代开始的第一次工业革命开创了以机器代替手工劳动、以工厂制代替手工工场的新时代。资本家通过“圈地运动”等方式使劳动者成为只能通过出卖劳动力获取收入的无产者。他们“被迫”成为流水线上的操作工人，从事由雇主组织的标准化流水线生产活动。这种具有从属性特征的劳动关系伴随着工业革命的发展而盛行，并成为工业化大生产过程中组织整合劳动力资源的主要方式，极大地促进了资本主义经济的发展。特别是在第二次世界大战后的30年间，以福特制为代表的大规模生产、机械化管理方式使资本主义生产力得到迅速发展，而以国家为主导的福利保障制度体系建立反过来通过拉动大规模消费进一步促进了资本主义的扩大再生产①，维系了福特制生产体系②，从而推动资本主义经济达到鼎盛时期。

19世纪70年代初期爆发的石油危机预示着福特制的生产组织模式出现危机，主要原因：一是消费者对标准化产品需求的降低以及对个性化产品需求的增加导致企业标准化产品生产过剩，生产扩张能力遭遇瓶颈；二是产品价格在全球化竞争中被拉低，在工人福利待遇水平不变的情况下，企业的利润空间缩小；三是企业开始通过裁员来应对生产力下降及利润减少的事实，进一步加剧了国内消费能力的降低；四是发展中国家受限于沉重的外债和较低的国民收入，不具备对发达国家产品的购买力。资本主义国家通过放松政府管制施行国家化和经济自由化的新自由主义政策来应对“合法性”和“利润”危机，因此，“刚性”的福特制生产模式开始向“弹

① BOYER R. The search for labour market flexibility: The European economics in transition［M］. Oxford: Clarendon Press, 1988.

② 熊易寒. 集权化市场、弹性积累与劳工政治的转型［J］. 复旦政治学评论，2016（1）：113-130.

性”的丰田制精益生产模式转变。

精益生产模式的特点是以弹性生产应对弹性消费，以弹性雇佣应对弹性生产。后福特时期的生产以消费者需求为导向，因此生产呈现出小批量、个性化、定制化等特点①。企业生产方式的调整导致企业在劳动力市场上改变雇佣方式以在市场竞争中获取更大的生存发展空间，降低因市场变动带来的经营风险。越来越多的雇主在内在成本动力和外在技术拉力的双重作用下改变传统雇佣模式以适应精益化的生产方式，弹性的雇佣制度——替代性工作安排——产生。

1995年至2015年间，替代性工作安排的占比在美国迅速上升，从事替代性工作安排的劳动者从2005年2月的10.7%上升为2015年年底的15.8%②。在美国，这些加入替代性工作安排的劳动者被称作为劳务派遣人员（temporary help agency workers）、待命工人（on-call workers）、合同工人（contract workers）、独立劳动者（independent workers）或自由职业者（freelancers）。

替代性工作安排与传统雇佣关系相比呈现出三方面的特点：一是劳动的弹性，企业不再需要通过与劳动者建立长期雇佣关系而使用劳动力；二是薪资福利的弹性，劳动者的薪酬福利由劳资双方通过合同的形式约定，而非通过集体协商谈判统一确定；三是工作时间的弹性，劳动者的工作时间不再全部为8小时工时制，而是根据生产经营需要确定弹性化的工作时间③。

经济全球化及生产技术的进步，特别是信息和通信技术的出现为跨国

---

① HAVEY D. The condition of postmodernity [M]. Oxford: Blackwell Publishers Ltd, 1990.

② KATZ L F, KRUEGER A B. The rise and nature of alternative work arrangements in the United States, 1995-2015 [J]. ILR Review, 2019, 72 (2): 382-416.

③ 熊易寒. 集权化市场、弹性积累与劳工政治的转型 [J]. 复旦政治学评论, 2016 (1): 113-130.

企业替代性工作安排的实施提供了环境和技术方面的支持[①]。一方面，生产的全球化为资本主义解决利润危机和合法化危机提供了空间解决方案[②]。跨国公司开始在全球范围内劳动保障较弱的国家和地区建厂或者将产品的生产分包给厂商。另一方面，信息和通信技术为人与组织在时间和空间方面的分离提供了技术支撑，劳动者不需要在固定的工作场所和固定的工作时间为雇主提供劳动。这一变化导致工作开始解构，组织将传统科层制框架下的工作岗位解构为碎片化的工作以适应人与组织在时间和空间方面相分离的现状。工作岗位解构进一步推动了传统雇佣关系的解构，导致组织框架内人与组织的关系从传统的劳动关系走向比较松散的工作关系[③]。

企业替代性工作安排的产生和运用致使西方资本主义国家的劳动力市场出现企业内部二元劳动力市场和内外部劳动力市场。一方面，企业根据业务的获利能力和重要程度对岗位或工作进行分类管理，将核心业务留在企业内部由雇佣员工完成，将非核心业务整体外包或者通过岗位或工作解构外包给其他企业或个人，或者外包给用工成本低的国家和地区完成[④]。另一方面，企业在组织内部将工作岗位按照所需劳动技能的高低分层，与具有高技能或管理水平的劳动者建立标准雇佣关系，通过替代性工作安排与低技能工作岗位劳动者建立劳务派遣、非全日制、劳务外包、众包等非标准雇佣关系。

---

① HARRISON B. Lean and mean: Why Large corporations will continue to dominate the global economy [M]. New York: Guilford Press, 1997.

② SILVER B J. Forces of labor: Workers' movements and globalization since 1870 [M]. Cambridge: Cambridge University Press, 2003.

③ 杨伟国，张成刚，辛茜莉. 数字经济范式与工作关系变革 [J]. 中国劳动关系学院学报，2018 (5): 56-60.

④ HARRISON B. Lean and mean: Why large corporations will continue to dominate the global economy [M]. New York: Guilford Press, 1997.

2.2.2 替代性工作安排在中国的产生与发展

我国替代性工作安排的产生与发展受国内外因素的共同作用。一方面，我国企业的替代性工作安排伴随着经济体制转轨、国有企业改革和农村土地制度改革而产生[①]。在计划经济向市场经济转型的过程中，政府打破国有企业“统分统配”的“铁饭碗”制度，要求国有企业新招收的职工签订书面劳动合同。此外，为配合现代企业制度的建立，国有企业改革通过“下岗再就业”等方式释放了大量富余劳动力；为缓解城市中外资企业和民营企业用工问题，国家通过农村土地改革和户籍改革释放了大量农村劳动力。下岗职工和农民工为企业实施替代性工作安排提供了充足的劳动力资源。2004年发布的《中国的就业状况和政策》白皮书显示，1990—2003年，国有单位从业人员减少3 470万人，为6 876万人；城镇个体私营经济组织的从业人员增加3 596万人，为4 267万人，占同期城镇新增就业人数的46.5%；各种外商投资和多种形式经济，非全日制、临时性、季节性、钟点工、弹性工作等各种就业形式迅速兴起，成为扩大就业的重要渠道[②]。2008年《劳动合同法》的颁布实施标志着固定期限合同、以完成一定任务为期限的劳动合同、非全日制劳动合同以及劳务派遣等一系列替代性工作安排通过法律的形式予以确立。

另一方面，我国替代性工作安排的产生与发展受到全球化生产体系以及集权化的生产市场的影响。跨国公司具备品牌、技术、资本等优势资源，处于全球产业链的顶端，因此凭借其产业链上的霸主地位将利润风险转嫁至下游承包商和劳动者。被压缩的利润空间和劳动法律规制的双重作用导致我国

---

① 潘毅．中国女工——新兴打工阶级的呼唤［M］．任焰，译．北京：九州出版社，2011.

② 国务院新闻办公室．中国的就业状况和政策［R/OL］．［2022-12-18］．http://www.gov.cn/zhengce/2005-05/27/content_2615728.htm.

企业开始寻求替代性工作安排以降低企业成本，确保企业的盈利空间[①]。

2.2.3 替代性工作安排在数字经济时代的新发展

伴随着科技进步、互联网的普及以及平台经济和共享经济等新经济形态的兴起，替代性工作安排的用工模式日趋灵活化和多样化，替代性工作安排在被使用的数量和频率方面得到迅速发展。互联网平台企业（如Uber、Deliveroo、饿了么、TaskRabbit等）采用的众包模式成为数字经济中替代性工作安排的重要用工模式之一。平台企业通过数字技术链接自带生产工具和设备的独立承包商来完成与服务相关的生产性工作。从劳动者的角度而言，平台上的从业者利用数字平台技术与服务同服务购买者之间建立联系，为其提供服务并从平台获得收入。

在数字经济背景下，替代性工作安排在国内外获得长足发展，并在各国的劳动力市场中占据一席之地。2015年，美国通过互联网中介（如Uber和TaskRabbit）提供服务的劳动者数量急剧增长，并且通过互联网在线下直接向客户提供产品和服务的劳动者是线上劳动者的近两倍[②]。2018年，国际劳工组织以非正规经济概念测量和统计了替代性工作安排在数字经济时代在全球的使用量和分布情况，并发布了《非正规经济中的女性和男性：统计图景》（Women and men in the informal economy：A statistical picture）报告。该报告基于世界上100多个国家和地区的微观数据，对全球非正规就业（包括互联网平台上的就业）进行了描述性统计分析，世界上有20亿人（超过60%的就业人口）在非正规经济中谋生。不论社会经济发展水平如何，所有国家都存在非正规就业，这一点在发展中国家更为普遍。例如，我国的非正规就业比例为54.4%（亚洲太平洋地区的平均水

① 熊易寒．集权化市场、弹性积累与劳工政治的转型［J］．复旦政治学评论，2016（1）：113-130.

② KATZ L F，KRUEGER A B. The rise and nature of alternative work arrangements in the United States，1995-2015［J］. ILR Review，2019，72（2）：382-416.

平为59.2%)，且主要集中在非农业部门[①]。

学界从劳动者就业的角度对这种新型的组织用工方式进行了描述，有些学者将其称为按需经济（on-demand economy）中的就业，有些学者从工作碎片化的角度将其称为零工经济（gig economy）下的就业，有些学者则认为这是分享经济（sharing economy）中的就业[②]。欧洲改善生活与工作条件基金会（EuroFound）对欧洲范围内的新就业形态进行了研究，并对不同类型用工方式进行了分类：包括雇佣分担（employee sharing）、岗位分担（job sharing）、临时管理工作、临时工作（casual work）、基于信息和通信技术的移动工作（ICT-based mobile work）、基于凭证的工作（voucherbased work）、组合工作（portfolio work）、众包工作和合作工作。其中，雇佣分担是指当个别雇主无法为雇员提供足够的工作量时，可以和其他雇主联合，共同雇佣（一组）工人，共同对这些工人进行人力资源管理并共同承担雇主责任。岗位分担是指一个雇主将一个全职的工作岗位的工作拆分成两份以上的工作，并雇佣两个以上的兼职劳动者共同完成。临时管理工作是针对高技能专家而设定的工作，主要是雇主为了完成特定项目或解决特定问题而暂时雇佣专家。相对于临时管理工作，临时工作适用于拥有通用技能或人力资本存量低的劳动者。雇主与劳动者之间不存在固定期限的雇佣关系，雇主只有在有工作任务时才会为劳动者提供工作机会并支付工资，劳动者为了获得这些工作机会应该随叫随到。基于信息和通信技术的移动工作表示劳动者没有固定的工作地点，只要他们能够使用信息和通信技术在线连接共享公司计算机系统完成工作即可。基于凭证的工作是指雇主从权威机构（主要指政府机构）获得凭证，并向劳动者支付凭

① International Labour Organization. Women and men in the informal economy：A statistical picture［M/OL］. Geneva：ILO，2002［2022-12-18］. https：//www.ilo.org/wcmsp5/groups/public/---dgreports/---dcomm/documents/publication/wcms_626831.pdf.

② MASELLI I，LENAERTS K，BEBLAVY M. Five things we need to know about the on-demand economy［Z］. Centre for European Policy Studies Essay，2016.

证而非现金的一种工作。组合工作类似于岗位分担，从企业的角度来看，它是将一项待完成的工作拆解为多个小的工作任务，并交由多个自雇者完成；从劳动者角度来看，它是指一个自雇者为多个雇主服务，其中为单个雇主承担的工作任务仅是其中的一小部分工作内容。众包概念只针对互联网平台而言，指互联网平台运用数字技术匹配雇主（消费者）和劳动者，雇主（消费者）将工作分解为多个小任务并在互联网平台上发包给众多劳动者完成。合作工作主要是针对自由职业者和自雇者而言的，他们通过某种方式合作从而达到共享资源、克服规模和专业壁垒的限制的目的①。

综上所述，替代性工作安排的出现和在全球范围内的迅速发展是个性化的消费市场需求、企业追求生产绩效、生产技术进步以及经济全球化等多种因素共同交织的必然产物。首先，替代性工作安排的出现是企业为了应对多样化、个性化、短期化的消费需求。消费者市场的需求变革引发企业以弹性生产应对弹性消费，以弹性雇佣应对弹性生产的行为。其次，经济全球化为替代性工作安排的出现提供宏观环境。经济全球化使得全球竞争加剧，企业利润空间缩小，同时为企业分包、转包业务到第三世界国家提供了可能。因此，在经济全球化的背景下，降低成本、保障利润空间为企业实施替代性工作安排提供内在动力，而全球价值产业链为企业替代性工作安排的产生和扩散提供制度环境。最后，科学技术为替代性工作安排的产生和规模扩张提供技术支持。技术进步为工作的解构和雇佣关系的解构提供技术支持，特别是互联网技术的产生和运用加速了企业组织变革，使更多非企业核心岗位和核心业务通过外包等用工模式由外部劳动力完成，同时，互联网平台本身成为利用大数据、人工智能等信息技术匹配劳动者与服务消费需求的一方主体，通过整合工作市场中的劳动者来完成工作任务。这种新的用工模式增加了替代性工作安排的用工模式，也加速了替代性工作安排在全球范围内的发展。

---

① 张成刚．新就业形态的类别特征与发展策略［J］．学习与实践，2018（3）：14-20.

2.3 用工模式概念存在的问题

替代性工作安排概念下包含诸多具体的用工模式，诸如劳务派遣（temporary help agency work）、业务外包（outsourcing）、众包（crowdsourcing）、兼职（part-time job）、非全日制用工（part-time employment）、合伙（partnership）、合作（cooperation）、临时工（casual labor）、零工（gig worker）、自由职业者（freelancer）、待命工作（on-call work）、自我雇佣（self-employment）、员工租赁（leased employee）、依赖性自雇（dependent self-employment）、零时合同（zero-hour contract）、独立承包（independent contract work）、日劳动（day labor）等，但这些用工模式的概念在定义角度、内容侧重、应用场景、中外实践、认知偏差等方面存在交叉。所以，替代性工作安排内部的具体用工模式的概念之间边界模糊，未能形成一套公认的概念体系[①]。

第一，用工模式概念在定义角度存在交叉。有的概念是从企业用工的角度定义的，比如非标准雇佣、业务外包等；有些则从劳动者就业的角度进行定义，如非标准就业、加工承揽等。在我国，与非标准雇佣、非正规雇佣以及经济性工作概念相对应的还有非标准就业、非正规就业、灵活就业等。雇佣和就业虽然在英文中均为“employment”，但因角度和出发点不一样，翻译结果存在不同，“就业”是从谋生的角度强调个人的从业状态，“雇佣”强调雇主的用工状态[②]。业务外包是组织将内部的工作通过合同的方式发包给个人或具有独立法人资质的组织，而加工承揽是从个人或者独立法人资质的组织的角度来定义承包发包商业务的行为。两个概念

① CAPPELLI P，KELLER J R.Classifying work in the new economy［J］. Academy of Management Review，2013，84（4）：575-596.

② 钱叶芳．非标准雇佣与非正规就业：区分、交集与调整［J］．中国劳动，2018（4）：57-62.

表述的内容本身一致，只是因为定义的角度不同而有所差异。

第二，用工模式的概念在表达内容和使用场景方面存在交叉。前述概念中，有的概念是一种用工模式，有的概念是一种职业类型，还有些概念强调的是就业状态，但这些概念可能表述的是同一行为的不同内容。比如，业务外包属于一种用工模式，而承接业务外包的劳动者可能是自由职业者，这个概念表述的是一种职业类型。另外，当承包商为个人且还有其他全日制工作时，兼职则侧重表述这个承包商在承包关系中的就业状态。

有的概念偏生活场景，有的概念偏法律场景，但二者在表述内容方面具有一致性。比如兼职和非全日制劳动合同的区别和联系：兼职这个概念一方面强调劳动者不止一份工作，另一方面强调他的工作时间的非正规性；而非全日制劳动关系属于法律概念，我国劳动法律规定劳动者在用工单位工作的时间每日不超过4小时、每周不超过24小时的用工形式属于非全日制劳动关系。日劳动者是一个学术概念，而临时工属于生活用语。

第三，用工模式概念在内涵外延方面存在交叉。因为中外用工实践不同，二者对于同一用工模式的定义存在差异。最典型的为劳务派遣。在我国，劳务派遣是指根据《劳动合同法》《劳务派遣暂行规定》由派遣机构与派遣人员订立劳动合同，由派遣机构将派遣人员派遣到用工单位提供劳动，由用工单位对派遣人员进行用工管理的用工方式。在国外，劳务派遣被称为临时援助机构工作（temporary help agency work）和员工租赁（leased employee），均表述的是用工单位在有用工需求的时候向中介机构借人或让中介机构派人帮助其共同完成企业内部工作任务的行为。

由于有的概念内涵和外延缺失，不同的人在同一概念的理解层面存在认知偏差，从而影响基于概念的沟通和交流。比如兼职，有人会从劳动者就业状态来理解，即劳动者有一份主要工作，其他工作相对于主要工作而言属于兼职；有人从工作时间的角度来理解，认为兼职是非全日制小时工作；还有人从身份的角度来理解，认为兼职在工作场所中是一种劳动者的身份，有别于签订劳动合同的合同工和有编制的固定工，类似于临时工。

综上，通过对具体用工模式概念的梳理，我们可以发现，替代性工作安排概念下的诸多用工模式存在概念边界模糊不清以及用工模式归类不清晰等问题。从概念的角度而言，具体的用工模式在概念方面界限模糊。现有的用工模式在概念定义角度、内容、学科等方面存在交叉，概念界限模糊，难以形成有效的归类。从概念体系的归类角度而言，现有的研究未能将具体的用工模式与非标准劳动关系和非劳动关系做有效的链接和对应，未能形成类属关系。

通过对替代性工作安排历史发展脉络以及内部用工模式的概念内容的文献梳理，我们发现，替代性工作安排项下缺乏细分概念将非标准劳动关系和非劳动关系进行区隔。此外，现有文献未从非标准劳动关系和非劳动关系的角度对各种用工模式进行归类和划分。所以，我们有必要在替代性工作安排的概念下提出一个新的概念来区隔非标准劳动关系和非劳动关系，并对当前混杂的用工模式概念进行归类和划分。

第3章
社会化用工概述

我们在调研影视文娱、金融、地产、医疗健康以及互联网行业中采用替代性工作安排的企业的基础之上，试图提出“社会化用工”这个概念作为非劳动关系的统称，从而区隔替代性工作安排中的非标准劳动关系和非劳动关系。我们发现社会化用工是企业追求组织绩效、劳动者就业态度改变以及数字技术进步的产物。相较于其他用工方式，社会化用工具有资源互补、模式多样、渠道多元以及关系松散四个方面的特征。下一章，我们将从企业采用社会化用工的原因、用工模式、用工渠道以及管理策略角度建立社会化用工理论框架。

社会化用工是指企业通过与工作市场中的劳动者建立工作关系、合作关系或合伙关系以达到企业获取劳动力、信息、知识、技术、顾客、供应商等生产经营所需资源的一种用工方式，从而实现企业快速获取资源、降低交易成本、提高生产效率的目标。社会化用工是替代性工作安排概念下非劳动关系的统称。

3.1 社会化用工与替代性工作安排的关系

如前所述，替代性工作安排包括非标准劳动关系和非劳动关系两种用工方式。在我国，组织与劳动者之间的关系不同，适用的法律不同，组织的权利和义务也存在差异。

在非标准劳动关系中，企业与劳动者之间的关系为劳动关系，双方属于从属关系，受《劳动合同法》调整。在非劳动关系中，企业与劳动者之间的关系为工作关系、合作关系或合伙关系，双方属于平等的民事主体关系，受《中华人民共和国民法典》调整。

社会化用工属于替代性工作安排项下非劳动关系的统称。社会化用工的用工模式受业务难易程度以及所需人力资本的存量[①]的影响，存在劳务派遣、业务外包、合作用工以及合伙用工四种用工模式。社会化用工模式不同，结算方式不同。结算方式主要包括按工作成果付费、按工作量付费、按收益比例分成以及按利润分成。企业的用工模式不同、结算方式不同，用工渠道和劳动者与企业之间的关系属性相应存在差异。在社会化用工中，企业与劳动者之间的关系属性主要包括工作关系、合作关系和合伙关系（如图3-1所示）。

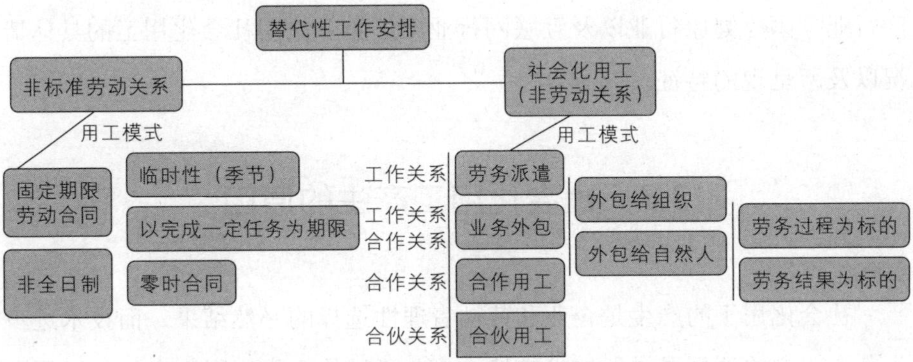

图3-1　替代性工作安排与社会化用工的关系

在劳务派遣模式中，劳动者由第三方人力资源服务公司派遣至企业工作，企业一般按派遣劳动者数量以及每个劳动者的工作时间向人力资源服务公司支付费用，而人力资源服务公司一般会按照被派遣的工作时长向劳动者支付工资，因此劳动者与企业之间的关系为工作关系。在业务外包模

① 人力资本存量由人力资本要素构成。人力资本要素包括劳动力、专业知识、技能、人脉资源等，人力资本要素越多，人力资本存量越高。

式中，企业可以直接将业务外包给自然人，也可以将业务外包给具有独立法人资质的组织。在这种模式下，企业与劳动者的关系主要为工作关系或合作关系，二者的区别在于外包的业务内容以及结算方式存在差异。比如，企业将自己的业务或岗位发包给劳动者，并根据劳动者的工作量或工作成果付费，双方属于工作关系；如果企业和劳动者按比例分配收益，则双方属于合作关系。在合作模式中，劳动者和企业共同完成工作任务，并按照任务完成量确定收益的分成比例或按照收益的一定比例分成，双方属于合作关系。在合伙模式中，一般为企业出资，劳动者以其人力资本出资，双方共同经营、共负盈亏，企业与劳动者之间按照出资比例对利润进行分成，双方为合伙关系。

我们将会在第5章至第9章详细阐述影视文娱行业、金融行业、房地产行业、医疗健康行业以及互联网行业中的企业采用社会化用工的具体情况以及所呈现的特征。

3.2 社会化用工产生的原因

社会化用工的产生是企业和劳动者理性选择的必然结果，而技术进步为劳资双方的选择提供了技术支持。企业通过社会化用工整合外部资源完成组织生产经营任务是降本增效的重要途径。劳动者内部结构以及就业态度的变化为企业的社会化用工提供了充足的人力资本储备。信息技术和数字平台等的发展降低了工作市场的交易成本，提高了工作和人力资本的匹配效率。

3.2.1 追求组织绩效是企业创造或采用社会化用工的内部动力

企业经营的目标是降本增效，即在实现企业规模扩张、组织绩效提升的基础上成本不变甚至降低。因为企业规模的扩张受限于内部交易成本，当企业规模扩大时，企业的内部交易成本可能会上升，所以罗纳德·科斯认为企业规模的边界为边际成本，即企业内部组织一笔额外交易的成本等于在公开市场上完成这笔交易所需的成本，或者等于由另一个企业来组织外部交易的成本。该理论解释了企业的规模扩张和绩效提升存在瓶颈的原因，而社会化用工模式既可以解决企业扩张规模的需求，又不会引发用工成本的显著增长。

另外，社会化用工能够帮助企业应对弹性化的工作需求并且有效降低用工成本。一方面，消费者对产品的个性化的诉求导致消费需求呈多样化和碎片化，进而导致企业弹性化生产方式的出现。在生产端，企业的订单或业务具有临时性和多样化等特征，因此企业需要根据订单状况迅速整合外部的劳动力、技术、信息、专业知识等资源完成生产任务。另一方面，由于业务或订单具有多样性，完成该业务或订单的工作具有临时性和非常规性，或者完成该工作需要的专业化程度较高，企业通过雇佣方式完成该工作会导致企业用工成本的增加和人力资本的浪费，因此社会化用工可以满足企业对低成本完成工作内容的用工需求以及使用高技能人才的需求。也就是说，社会化用工解决了低成本完成非常规性工作和专业化程度较高的工作的问题①。

3.2.2 劳动者的就业态度的转变促使社会化用工产生和发展

经济的发展和科学技术的进步促使劳动者与组织的关系不再单一化，用工模式从单一劳动关系转化为以劳动关系为主、多种用工方式并存的模式。从劳动者的角度而言，组织用工方式的变化会导致劳动者的就业方式多元化，传统的雇佣关系不再是劳动者获取劳动报酬的唯一方式，劳动者

---

① LEPAK D P，SNELL S A. The human resource architecture：Toward a theory of human capital allocation and development [J]. The Academy of Management Review，1999，24 (1)：31-48.

可以充分利用其人力资本和社会资本获取收入。在此基础之上，劳动者对待工作的态度也会发生变化：一方面劳动者获得收入不再完全依赖于一个组织；另一方面劳动者对工作的诉求不再只是获取收入，还增加了工作自主性的需求，期望实现工作与家庭生活的平衡以及工作与健康的平衡。

例如，新晋为劳动力主力军的90后群体，大多为家庭中的独生子女，有着较好的财富安全感，所以赚钱不再是他们工作的唯一目标，他们更追求个性、自由以及工作的自主性，他们在积极探索使人力资本变现的各种方式和途径。再如，在职场打拼多年的中产阶级往往存在焦虑情绪，一方面遭遇职场天花板，面临中年失业的风险，另一方面期望自己多年积累的人力资本、社会资本和财务资本实现效用最大化，同时他们需要更多的时间陪伴老人和孩子，因此他们对工作的期待更多的是自主性强、人力资本和社会资本能够得到充分利用。

还有女性劳动者，在劳动力市场中容易受到“歧视”，这一方面表现为女性难以获得某些被视为“男性的工作”，另一方面表现为在组织内部男性通常有着更高的职位与薪资。两性之间就业权、报酬权的不平等，源于传统观念中男性和女性在生育、抚育、家务责任分担上的不平等。作为“理性人”的雇主要追求利润最大化，控制用工成本成为其节约成本的必然选择，这也是导致“歧视”的根本原因。特别是“三孩政策”的出台意味着女职工的生育时间及企业需支付的生育成本可能比原来增加不止一倍，这直接导致雇主对女性特别是未婚未育女性的“歧视”风险增大。因此，女性劳动者既希望通过工作获取收入，又希望可以实现工作和生活的平衡。

3.2.3 数字技术成为推动劳资关系多元化发展的物质基础

随着第三次科技革命的发生，以移动互联网、大数据、云计算、人工智能、物联网等为代表的数字技术不仅改变了人们的生产、生活方式，而且给工作市场带来了巨大的变革。数字技术以循序渐进的方式解构工业经济范式下的劳动关系，因此劳动关系不再是数字经济中的主流劳资关系，取而代之的是多元劳资关系的并存。

第一，数字技术解构劳动关系建立和存续所依托的雇佣场所，为人与组织在空间方面的分离提供技术支撑。劳动者可以不在固定的工作场所和固定的工作时间为雇主提供劳动，传统的集中于雇主场所的工作形式开始走向分布式工作形式，这主要体现在居家办公和在线随处办公上，比如钉钉办公软件为劳动者脱离办公场所、随时随地在线处理工作提供了技术支持。

第二，数字技术解构雇佣模式下的工时制度。随着人与组织在空间方面的分离，传统的依托于固定工作场所的每天工作8小时、固定上下班时间的工时制度已不再适用于新形势下的劳动管理，取而代之的是以任务、工作结果为依据的工作交易模式，比如网约车平台根据司机完成的订单量以及每个订单的公里数向司机支付报酬。

第三，数字技术解构雇佣关系依托的工作岗位。数字技术“分解”工作岗位中的各流程，将其细化为具体的工作任务，并形成以工作任务为构成要素的工作市场。这正如弗兰克·列维（Frank Levy）和理查德·莫尼恩（Richard Murnane）提出的新劳动分工。他们认为新劳动分工有两个特征：一是劳动分工更加细化，整个生产过程可以细化到每个劳动者可以独立完成的工作任务；二是互联网技术能将独立的劳动过程整合到生产链条当中，从而完成完整的生产任务[①]。比如出租车司机是一个工作岗位，其具体的工作内容为寻找乘客、接送乘客、告知乘客价格并敦促乘客完成支付，但数字技术将这些工作内容拆解成不同的工作任务，并且仅将接送乘客这一项任务交由司机完成，其他任务则由网约车平台依靠技术完成。这种对工作任务的细化分割降低了工作内容的难度，也降低了工作岗位对劳

① LEVY F，MURNANE R J. The new division of labor：How computers are creating the next job market［M］. Princeton，NJ：Princeton University Press，2004.

动者能力、时间等方面的要求。

第四，数字技术对工作岗位的解构推动传统劳动关系的解构。当岗位的工作内容被技术解构成一个个细小的工作任务时，这些工作任务可以在同一时间交由不同的劳动者共同完成。因此，组织不再依赖雇佣的方式“独占”一个劳动者的全部技能，而是可以根据工作任务通过多种适合的用工方式获取劳动者的某一项人力资本要素。所以，组织与劳动者之间的关系不再是依托于工作岗位的雇佣关系，而是以工作任务为核心的多种劳资关系，如合作关系、合伙关系等①。

另外，数字技术变革着工作市场中的劳动力供给模式，为企业通过社会化用工模式使用外部人力资本提供可能性。数字技术能够解决劳动力配置所面临的信息不对称问题，并克服时间和空间方面的局限性，使劳动者能够在工作市场中充分利用时间，实现人力资本的价值最大化。所以，互联网信息技术为组织整合外部人力资本提供了便捷的用工渠道，使人力资本的供求信息能够快速匹配，极大地提高了企业整合外部人力资本的效率。

综上，在数字技术的推动下，企业可以通过社会化用工，与工作市场中的劳动者建立工作关系、合作关系或合伙关系，敏捷应对市场和客户快速变化的需求，达到整合资源、实现生态圈整体利益最大化的目标②。

3.3 社会化用工的主要特征

作为非劳动关系的统称，社会化用工相较于非标准雇佣关系而言，具有资源互补、模式多样、渠道多元和关系松散四个方面的特征。

---

① 杨伟国，韩轶之．“人工匹配”与社会化人才开发新机制［J］．中国人力资源开发，2021（10）：78-90.

② 杨伟国，张成刚，辛茜莉．数字经济范式与工作关系变革［J］．中国劳动关系学院学报，2018（5）：56-60.

3.3.1 资源互补

在工作市场中，劳动者是一个拥有劳动力、专业知识、技能、社会资本等要素的人力资本，是一个在人力资本要素方面具有多样性和差异化的独立个体。

从企业的角度而言，劳动者所具有的各种人力资本要素属于企业生产经营所需要的资源，因此雇佣是企业获取资源的一种方式，但并不是唯一方式。决定企业是否采取雇佣方式来获取人力资本的重要因素为交易成本，即当雇佣劳动者的边际收益大于边际成本时，企业会采用雇佣劳动者的方式获取人力资本，但是当劳动者的边际产出小于雇佣劳动者的边际成本时，企业会通过其他的方式获取人力资本。

从劳动者的角度而言，劳动者需要在工作市场中转让自己的人力资本来获取收入，或者充分利用自己的人力资本要素来增加收入，获取与企业合作所带来的人际关系资源、平台机会，或者增加工作经验，以进一步提高人力资本等，从而改善自己的工作和生活状况。此外，劳动者在单位时间内只能从事一份工作，因此时间是劳动者的人力资本变现的最大约束条件[①]。因为资源具有稀缺性，所以人力资本存量越高的劳动者的稀缺程度越高，对企业的影响力越大，企业越希望与其建立长久的工作关系或合作关系，甚至希望与其建立雇佣关系或者合伙关系来保证关系的持久性和稳定性。

社会化用工强调用工企业和劳动者之间属于松散的资源共享、互惠互利的工作关系、合作关系或合伙关系。在工作市场中，劳动者不会长期依附于任何一家用工企业，而是在与用工企业建立合作或工作关系的同时达到获取收入、平台机会，增加工作经验，积累社会资本等目的。企业通过

---

① 杨伟国，张成刚，辛茜莉．数字经济范式与工作关系变革［J］．中国劳动关系学院学报，2018（5）：56-60.

与劳动者建立工作关系、合作关系或合伙关系获得劳动者所拥有的各种人力资本要素，从而获得其生产经营所需要的部分资源。另外，企业的创立时间、规模、性质以及是否为新型的互联网平台企业均会影响企业对外部人力资本的需求程度。比如，企业越是新成立的小微民营企业，或者是互联网平台企业，就越希望通过与外部人力资本建立工作和合作关系以实现其降本增效的目的。

3.3.2 模式多样

从根本来看，在非标准雇佣关系中，劳动者与企业之间的关系仍旧是雇佣关系，只不过雇佣关系不再长期化和固定化。相较于非标准雇佣，社会化用工不局限于某一种用工模式，也不再局限于雇佣关系，而是强调企业可以通过多种用工模式与外部的劳动者建立工作关系、合作关系或合伙关系。由于企业在行业、成立时间、规模、性质以及资金来源等方面具有差异性，因此它们对合规性及人力资本可获得的便利程度的需求有所差异。所以，企业在用工管理实践过程中会根据所处的行业现状、自身的业务情况、现有的雇员状况以及未来生产经营所需的资源等多方面的因素，选择多样化的用工模式。

目前，企业普遍使用的用工模式主要包括劳务派遣、业务外包（劳务/服务/岗位外包）、合作用工、合伙用工。其中，根据承包商是否具有独立法人资质，业务外包又可分为发包给自然人（独立承包商）和发包给具有独立法人资质的组织。另外，企业可以通过合伙用工与劳动者直接建立合作关系，也可以通过与具备独立法人资质的组织建立合作关系从而使用该组织的劳动者，比如“共享员工”。

此外，企业可以只选择一种用工模式，也可以根据不同的业务同时选择多种用工模式。企业也会根据其业务的难易程度以及劳动者人力资本存量的高低选择不同的用工模式，且各种用工模式之间可以相互转化。

3.3.3 渠道多元

社会网络、互联网以及人力资源服务机构或业务承揽机构等渠道均可作为企业与外部劳动者建立工作关系或合作关系的渠道。

企业的用工渠道存在路径依赖，且组织的规模和性质不同，选择用工渠道的侧重点有所不同。规模越大的企业，越倾向选择人力资源服务机构或业务承揽机构等中介机构渠道与劳动者建立关系。比如行业的头部企业，特别是国有企业，在用工模式和渠道选择上更注重合规性和企业的社会责任，因此其社会化用工模式更偏向劳务派遣和业务外包，其用工渠道更偏向人力资源服务机构或业务承揽机构。行业内的小微企业更偏向于直接将业务或劳务外包给劳动者，因为这种用工模式的成本更低。

另外，企业在选择用工渠道时也会参考工作的专业化程度、紧迫程度、行业内的市场化程度等多方面的因素。此外，劳动者的人力资本存量和就业偏好会影响工作市场中的人力资本供给，从而影响企业对用工渠道的选择。比如，劳动者人力资本存量越高，或者越偏好灵活自由、家庭和工作平衡的劳动者，越倾向于作为独立承包商直接承揽企业的外包业务或劳务；劳动者人力资本存量越低，越需要依附中介机构获得工作机会。

3.3.4 关系松散

关系松散主要是指企业与劳动者之间的工作关系或合作关系具有松散的特点，主要表现为三个方面：一是以业务完成为导向的工作关系或合作关系在建立和存续期间具有临时性和短期性；二是工作关系或合作关系在存续期间具有弱契约化和弱约束力特点；三是工作关系或合作关系的建立具有非排他性。

企业选择社会化用工的主要原因之一在于企业的订单或业务具有灵活性和不确定性，这就意味着企业需要根据业务情况弹性化地使用外部人力资本，以达到降本增效的经营目标。因此，企业根据订单或业务需求而采用社会化用工模式，其用工期限一般始于业务开展前期，终于业务完成，并按照劳动者在外包业务中的工作量或工作结果支付费用。互联网技术的发展、平台经济的产生进一步导致业务或订单的大小和持续时间“碎片化”“短时化”。与此相对应的是，平台企业依托互联网技术可以及时匹配劳动力供需，持续为劳动者提供不同的订单或工作需求信息，促进就业的长期可持续性发展。

企业直接与劳动者建立工作关系或合作关系时，双方一般口头约定具体的工作任务、完成任务的截止时间以及相应的结算方式。在工作或合作过程中，企业要求劳动者在一定期限内完成工作任务，并对工作结果进行考核，一般不对劳动者的工作过程进行管理。在劳动者与企业的工作关系或合作关系中，存在劳动者自身的强约束和企业的弱约束并存的特点。劳动者强约束的目的在于树立自己在行业内的口碑，获取稳定的工作机会和收入；企业的弱约束表现在无法及时控制和监督劳动者的工作过程与工作质量。

因为与企业建立工作关系或合作关系的劳动者，从事的工作并非企业的核心业务，所以这种工作关系或合作关系并不具有排他性。劳动者可以在同一时期与多家企业建立工作关系或合作关系，但是劳动者在某个工作时间点内只能为一家企业服务。

第4章
社会化用工理论框架

4.1 企业选择动因

我们通过整理对68家被访企业管理人员的访谈资料和48份回收的企业调查问卷的结果发现，企业选择社会化用工模式的原因主要包括应对弹性化的用工需求、降低企业成本、提高生产效率和获取外部资源四个方面。图4-1为企业选择劳务派遣和业务外包的原因。

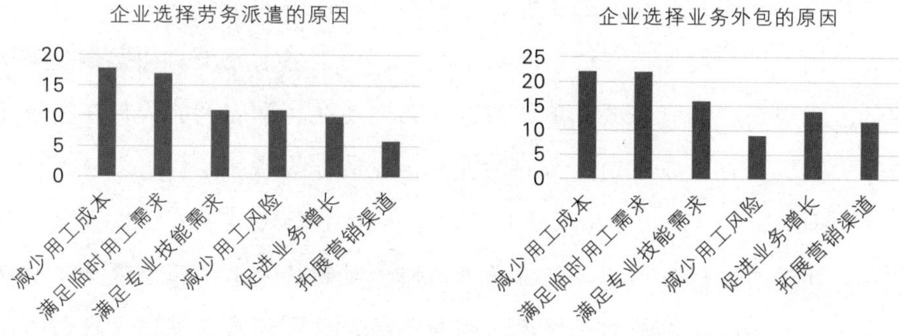

图4-1 企业选择劳务派遣和业务外包的原因

4.1.1 应对弹性化的用工需求

企业弹性化的用工需求产生的原因主要包括两个方面：一是企业的订单具有不确定性；二是企业的订单呈现季节性波动。

订单具有不确定性的企业，会在订单量大、现有员工忙不过来的时候通过劳务派遣、业务外包等社会化用工模式，保障订单的顺利完成。从下面的访谈材料可以看出，有的工作/岗位是企业的核心业务组成部分，企业有相应的员工从事这类工作，企业采用社会化用工的目的仅限于帮助企业员工在规定的工期内完成任务。

“有时有一些项目的‘活儿’具有突然性，而且工期比较紧。举一个例子，即使我们自有的员工开足马力全部投入一个项目，还有可能达不到项目的工期要求。这个时候我们不可能马上就能招到人，即使能够招到也不可能马上投入使用，所以我们会通过外包的方式完成项目。”（2020030101DM装饰公司管理人员）

“影视娱乐行业的项目具有不确定性，时间紧任务重，量大了之后需要兼职赶时间，因此我们公司有很多使用社会化用工方式的业务属于核心业务，而且是关键性岗位。这些岗位即使工作上有相应的公司雇员，还是需要配上社会化用工人员一起完成。”（2020030501ED影视公司运营负责人）

订单呈现季节波动性的企业，如房地产行业内的企业，在旺季时订单量大，用工需求增加，在淡季时订单减少，用工需求减少。如果企业采用雇佣方式组织劳动者完成订单任务，则会出现在旺季雇佣的人员在淡季无所事事的现象，造成人力资本的闲置和企业成本的增加。

“我们这个行业（房屋装修）有淡季和旺季，我们不可能在淡季去养员工。旺季的时候我们的工程量很大，同一时期就会上十几个项目，所以需要大量的工人。但是到了淡季，比如冬季，再比如疫情期间，我们的所有项目都停工，这个时候我们公司没有进账，所以也就不可能‘养’工人，我们也养不起。社会化用工这种方式对我们这种企业而言就比较划算，虽然我们在用这些工人的时候费用比较高，但避免了企业养闲人的窘境。”（2020030101DM装饰公司管理人员）

4.1.2 降低企业成本

降低企业成本是所有选择社会化用工模式的企业的主要原因之一。企业希望通过社会化用工降低的成本主要包括三部分内容：一是用工成本；二是管理成本；三是企业运营成本。

第一，用工成本。企业之所以选择社会化用工模式来降低用工成本，主要是从业务层面考虑成本和绩效的关系，比如降低淡季的雇佣成本、企业的业务量不足以支撑雇佣成本、花最少的钱用最专业的人等，而非单纯地为了规避劳动法律规制的雇主义务而减少用工成本。

"小型医美机构雇佣常驻医生的成本很高，而它们的业务量又达不到能够养医生的程度，因此会使用多点执业医生。"（2020031301SY医疗美容机构管理人员）

"我们的业务比较杂，需要的工种比较多，而有些工种只在完成某个项目中使用。现在人力成本那么高，雇佣所有需要的工种一方面从成本来考虑不值，另一方面我们的业务量也不饱和，这个项目完成后雇佣的人员就会处于闲置状态，这就会造成人力资本的浪费。"（2020030301SM影视广告公司管理人员）

"平台目前的业务量不大，雇佣不起专家级别的牙医，平台和牙医按照患者的诊疗费用分成，这种方式不仅能够降低企业用工成本，而且能充分利用医生的人力资本，让患者低成本享受专业牙医诊疗服务。"（2020030201PDR医疗平台管理人员）

第二，管理成本。这里的管理成本主要是指企业选择社会化用工而非雇佣模式所减少的人力资源管理成本，比如员工的招聘成本、培训成本，降低劳动力不确定性风险等。

"我们会将劳务派遣作为一种招聘渠道，筛选表现突出的劳务派遣人员成为我们的员工，从而克服劳动力的不确定性。"（2020022701SK房地产开发公司管理人员）

"我们是一家影视娱乐节目后期制作公司，主营业务就是完成影视娱乐节目的后期剪辑工作。虽然我们公司会雇佣剪辑师，但是娱乐节目剪辑不仅量大而且工期短，所以我们公司会经常和自由职业者合作，把剪辑任务外包给他们，到时间点验收成果即可。这种方式为公司减少了招聘、培训、福利待遇等方面的费用。”（2020030403SJB 影视后期制作公司项目经理）

第三，运营成本。运营成本也称经营成本、营业成本，是企业销售商品或提供劳务的成本。企业通过社会化用工所减少的运营成本主要包括因减少雇员而节约的办公场所租金、水电物业费用、生产工具采购费用，因营销岗位或工作使用社会化用工而减少的营销成本等。

“很多零售企业选择社区营销的方式主要是因为社区的团长有提货点，虽然理论上我们可以把商品直接寄到客户家里去，但是采用这样的方式一方面我们减少了租赁提货地点的成本，另一方面我们将该社区的订单统一配货运输到提货点，相当于节约了物流成本。另外，这种模式减少了企业的营销广告费用。”（2020040702YJPZ 互联网销售公司运营部门管理人员）

4.1.3　提高生产效率

企业通过社会化用工来提高生产效率，一方面是因为节流效应，在产出不变的情况下，企业用工成本降低，则生产效率提升，另一方面是因为使用了外部更专业的人才，拓宽了营销渠道，提高了产品质量、企业雇佣人员的人效比等，从开源的角度提高了组织绩效。这主要表现在如下方面：

一是工作市场中的劳动者专业化程度高，竞争意识强，能够精准地完成工作任务。工作市场中的劳动者是一个集多种人力资本要素于一身的独立个体，通过各种渠道、以各种方式承接企业外包的工作。为了获取稳定的订单量和收入、树立良好的口碑，他们需要与用工企业建立工作关系或者合作关系，并且在工作期限内保质保量完成工作任务。

“灵活用工人员专业化程度高，上手快、不需要磨合期，工作态度好，绩效好，能精准完成任务。”（20200301202YSFX 影视制作公司管理人员）

“与雇员相比，自由职业者多竞争意识强，积极性高，完成的工作质量比较好。”（2020030301SM影视广告公司管理人员）

二是外部劳动者对企业雇员的互补作用有利于提高企业绩效。外部劳动者对企业雇员的互补作用主要表现在以下两方面：一方面，外部劳动者为企业雇员提供辅助性工作，提高企业雇员的人效比。

“派单工作简单，收益小，销售人员不愿意做，因为小时投入产出比低，但是对于兼职人员而言，这项工作不需要动脑且收入较高。这些人经常派发传单，派单效率高。”（2020031601WL房产经纪公司地区负责人）

“找大学生做辅导老师能够使老师从教辅的工作中抽离出来，让核心员工做核心的工作，提高老师的人效比，也就是好钢用在刀刃上。”（2020040701SKL培训机构负责人）

另一方面，降低企业雇员的流动风险。雇员的离职会导致企业在招到合适的员工前，其岗位上的工作处于停滞状态。另外，新员工与工作岗位也存在一定的人岗匹配适应期。因此，企业雇员的流动会对企业的生产效率产生负面影响。企业通过社会化用工可以建立岗位人才储备库，在遇到员工离职时，可以从人才储备库中找到合适人选来填补岗位空缺，以便企业有充足的时间招聘到合适的雇员。

“企业会针对做兼职的护士做一个护士储备库，专业技能好的护士可以替补请假和离职的雇佣护士。”（2020030201PDR医疗平台管理人员）

三是企业外部的劳动者对企业雇员的替代作用能够从开源和节流两方面提高企业绩效。当企业的工作岗位同时采取雇佣和社会化用工两种模式时，特别是当内外部劳动力形成竞争关系时，一方面外部劳动者的存在会减少内部雇员的工作时间和工作任务量，从而减少内部雇员的收入，另一方面外部劳动者的存在有助于内部雇员增强竞争意识，从而提高单位时间内的工作效率。

“外部人员对内部雇员形成竞争，会减少雇员的工作量，从而会降低雇员工资。”（2020030602DAML传媒公司负责人）

“社会化用工后虽然雇佣人员的数量没有减少，但是他们的收入减少了。比如经纪人，如果存在兼职经纪人，而且他们把艺人的工作都排满的话，雇佣经纪人就没有业务可做了，而雇佣经纪人的收入由底薪加提成构成，没有业务做意味着没有提成，因此收入会减少。”（2020030301SM影视广告公司管理人员）

“外部的兼职作家与专职作家之间形成良性竞争，促进专职作家提高速度和产品质量。”（2020032501HY文化传媒公司工作人员）

4.1.4 获取外部资源

在工作市场中，劳动者是一个拥有劳动力、专业知识、技能、社会资本等要素的人力资本。劳动者所具有的人力资本要素属于企业生产经营所需的资源。雇佣虽然是企业获取人力资本的一种方式，但并不是唯一的方式。决定企业是否采取雇佣方式来获取人力资本的重要因素为交易成本。社会化用工是企业通过与工作市场中的劳动者建立工作关系或合作关系以获取劳动力、信息、知识、技术、顾客、供应商等生产经营所需资源的一种方式。企业通过社会化用工获得的资源主要有顾客（流量），专业知识和技能，知识、信息和人际关系等。

第一，顾客。企业在营销岗位上采用社会化用工的目的主要在于获取顾客资源。在数字经济背景下，如何快速识别消费者需求、如何将产品信息精准定位于目标市场、如何维系与顾客的黏性以及如何低成本扩大营销渠道的辐射面积和提升推广速度等问题成为企业亟待破解的难题。企业在营销领域采用社会化用工不仅顺应了消费者需求的变化，而且有助于降低营销成本、提高产品曝光率并促成销售，最终支撑企业实现规模扩张。

“保险产品的销售更在意客户与销售人员之间的信任关系，以及销售人员的人际关系，因此与保险代理人的合作可以给企业带来不同类型的消费者，以及提高保险产品的出单量。”（20200226PAJK保险公司工作人员）

“医生带患者，开拓销售渠道，储备顾客资源。‘广撒网’，吸纳大量医生加入平台，一是解决顾客来源问题，二是为后期平台吸引患者提供牙医（好牙医）储备。”（2020030201PDR 医疗平台管理人员）

社会化用工能帮助企业获取顾客资源的主要原因有以下两个方面：

一是消费者的购买行为发生了变化。消费者购物不再只依赖企业投放的广告，也不再只光顾传统的营销渠道，而是越来越热衷于借助社交媒体搜寻和分享信息，通过熟人的口碑宣传来增强对产品信息有效性的识别，降低购买产品的风险。此外，社交圈成员的同质性有利于企业在推广产品时实现对目标群体的精准定位，提高话题或内容与消费者的贴合性。因此，社会化消费模式逐渐成为主流，助推营销端的社会化用工模式发展。信源的有效性、话题或内容的切合性以及消费者感知风险评估成为消费者对已有口碑的三重判定标准，这种“广告说好并不一定好，消费者说好才是真的好”背后的信任标签不仅推动了销售的快速达成，而且为企业低成本地获取了顾客和销售员。

二是社会化用工顺应了消费者消费理念的升级。克莱·舍基（Clay Shirky）将人们参与生产创造的动机归为参与行为本身带来的满足感和效能感以及网络媒介和社交工具赋予人们参与创造的可能性。消费者的消费理念经历了功能式消费、品牌式消费、体验式消费等阶段，如今进入了参与式消费阶段。这种消费理念的变迁倒逼企业变革营销理念，从过去以自我为中心的单向传播转变为与消费者进行价值协同共创的双向传播。在传统营销时代，消费者是相对孤立的个体，其消费行为仅是为了满足对物的功能式需求。进入互联网时代后，互联网的开放性和去中心化使消费者与消费者、消费者与企业之间互通有无、自由链接，这种新兴的链接关系导致消费者在消费过程中增加了寻找情感支持、与具有相同价值观的其他消费者建立友谊并获得社会认同的需求。他们一方面希望通过在社交平台分享自身的购物体验来获得某种被信任、被推崇的成就感，另一方面也愿意通过倾听他人的意见来获取商品信息。在虚拟的网络平台上，消费者通过产品分享和相互间持续的互动，产生了强烈的归属感和身份认同感。消费者的这种消费理念的升级有利于实现产品信息的精准定位，大幅提高产品的曝光率，促进产品的销售与再分享，有力推动企业规模扩张。

“平台希望社区营销团长多多益善，因为他们可以拓展产品的销售渠道、获取顾客，因为群里的消费者与团长之间存在直接或间接的关系，比如是一个小区的、线下有一定的联系，存在某种信任关系等，这种信任关系可以促进销售。”（2020040702YJPZ互联网销售公司运营部门管理人员）

互联网平台的流量也是顾客资源的一种表现形式，互联网平台企业会通过社会化用工获取外部劳动者的流量资源。

“网红自带流量，平台会通过MCN[①]等机构与网红合作，吸引网红来平台开播，将网红自带的流量导入平台。”（2020041504JD互联网销售公司运营部门管理人员）

“与老师合作的一个原因在于可以通过老师带流量，增加App的知名度，扩大平台的业务。”（2020031303MJ网络科技公司管理人员）

第二，专业知识和技能。企业的生产经营需要某种专业知识和技能，但是这种专业知识和技能的使用频率不高，或者拥有这种专业知识和技能的劳动者要价高，因此企业通过社会化用工的方式，与劳动者建立工作关系或合作关系，获取劳动者的专业知识和技能，以补齐企业的生产经营短板。

“多点执业医生主要用来弥补医院的业务短板，承担雇佣医生做不了的整形项目。”（2020031301SY医疗美容医院部门负责人）

“平台目前的业务量小，雇佣不起专家级牙医，通过合作的方式可以降低成本（分享提成），充分利用闲置资源，让患者低成本享受专业牙医

① 全称为“Multi-Channel Network”，意为“多频道网络”。

的诊疗服务。”（2020030201PDR医疗平台管理人员）

“艺术老师外部化有利于弥补短板，减轻学生的压力，文体结合，全方位提高学生与学校的黏性。”（2020040701SKL培训机构负责人）

第三，知识、信息和人际关系。能够为企业提供这类资源的劳动者大部分属于某个行业的专家，一方面具有深厚的专业知识，能够解读政策，另一方面在行业内拥有良好的人际关系，能够帮助企业获取更多的资源。

“我们还会与一些专家建立合作关系，比如说华尔街金融顾问或者金融高级顾问。与他们建立合作关系能为我们带来金融方面的知识和信息。”（2020030102YX投资集团管理人员）

“与我们合作的有几个医保顾问，他们熟悉医保业务、政策，也有相关部门的资源，企业每年会给极高待遇。”（2020040201WXY互联网平台管理人员）

“使用兼职经纪人的主要原因在于他们的人际关系，我们这个行业主要看经验和人际关系。”（2020030604YBYJ经纪公司总经理）

4.1.5 满足岗位需求

战略人力资源管理和替代性工作安排方面的研究表明，企业一方面会根据获利能力和重要程度对业务进行分类管理，将核心业务留在企业内部由雇员来完成，将非核心业务外包给其他企业或个人完成；[①]另一方面会在组织内部按照所需劳动技能的高低将工作岗位分层，与具有高技能或管理水平的劳动者建立劳动关系，与低技能工作岗位上的劳动者建立工作关系或合作关系。[②]斯奈尔等人则从劳动者掌握的技能是否专属于企业的角度将技能分为专用技能和通用技能，并在此基础上引入人力资

① 熊易寒．集权化市场、弹性积累与劳工政治的转型［J］．复旦政治学评论，2016（1）：113-130.

② HARRISON B. Lean and mean：Why large corporations will continue to dominate the global economy［M］. New York：Guilford Press，1997.

本的概念，根据人力资本存量的高低分出高价值人力资本和低价值人力资本。他们认为，企业会通过外包或劳务派遣等方式获取拥有通用技能和低价值人力资本的劳动者，通过市场购买等方式获得拥有通用技能和高价值人力资本的劳动者。①

综上，企业需要采用社会化用工模式的岗位或工作主要集中于两类：一类是专业技术岗位/工作，从事该岗位/工作的劳动者具有大部分企业都需要的通用技能，比如专业知识、技术等；另一类是辅助性岗位/工作，比如派发传单、保洁、搬运等（见表4-1）。

表4-1　社会化用工岗位/工作类型

岗位/工作类型		具体岗位/工作
专业技术岗位/工作	专业知识	医生、护士、教师、设计师、保险代理人、顾问、翻译、演员、导演、作家等
	技术技能	水电工、木工、瓦工、油漆工、灯光、摄像、配音、剪辑、调色、短视频制作、销售、图片处理等
辅助性岗位/工作		搬运工、记录员、文员、保安、保洁、群众演员、教辅老师、礼仪、模特、派单员、代驾司机、跑腿员等

4.2 用工模式

目前，企业采用社会化用工的模式主要包括劳务派遣、业务外包（劳务/服务/岗位外包/众包）、合作用工和合伙用工四类。

① LEPAK D P，SNELL S A. The human resource architecture：Toward a theory of human capital allocation and development［J］. Academy of Management Review，1999，24（1）：31-48.

4.2.1　劳务派遣

劳务派遣是一种根据《劳动合同法》《劳务派遣暂行规定》由派遣机构与派遣人员订立劳动合同，由派遣机构将派遣人员派遣到用工单位提供劳动，由用工单位对派遣人员进行用工管理的用工方式。在劳务派遣中，派遣机构应当按照法律的规定具备相应的资质，用工单位使用派遣人员的岗位应当符合临时性、辅助性和替代性的“三性”原则，且劳务派遣比例不得超过企业整体用工比例的10%。另外，在劳务派遣模式中用工单位和劳动者之间一般为工作关系。图4-2显示了劳务派遣模式下劳务派遣单位、用工单位、劳动者三者之间的关系。

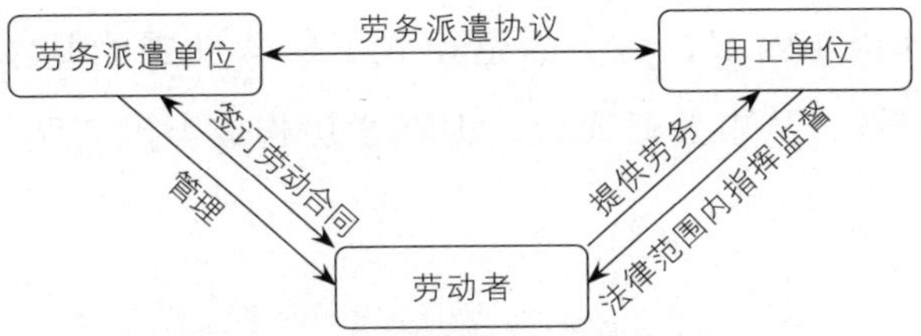

图4-2　劳务派遣模式下的主体关系

劳务派遣适用于企业临时性、辅助性和替代性的工作，因此该用工模式均适用于专业技术岗位/工作和辅助性岗位/工作（见表4-2）。

表4-2　劳务派遣模式适用的岗位/工作类型

用工模式	岗位/工作类型	访谈材料
劳务派遣	专业知识	我们为医院提供生物检验的设备、技术以及人员。人员需要具备专业的分子病理、新生物技术知识并有相应的资质证明。我们为全国各地的医院提供这样的服务，当某家医院有生物检验业务需求时，当地的专业技术人员会去该医院完成工作，因此我们会和当地的劳务派遣机构合作。（2020031302YLQX医疗器械公司管理人员）

续表

用工模式	岗位/工作类型	访谈材料
劳务派遣	技术技能	平台上的家政、保姆、月嫂以及安装维修工人等工作人员均由劳务派遣公司、家政服务公司、月嫂公司、家政联盟等第三方提供。(2020041103HMK家政平台企业管理人员)
	辅助性岗位/工作	地推派单人员由公司人事部委托人力资源公司进行派遣，并向人力资源公司交代项目的时间要求、工作内容以及需要的人员数量，销售部对工作绩效进行考核（平台注册多少人、拉多少人入群等），根据考核结果与人力资源公司结算。我们对人力资源公司的要求是KPI必须达标。(2020040702YJPZ互联网销售公司运营部门管理人员)

资料来源：根据访谈资料统计整理。

在被调查企业内部，劳务派遣模式下的劳动者的基本特征为40岁以下、外地户籍、从事普通岗位，但在学历构成上没有明显差别（见表4-3）。

表4-3　　劳务派遣模式下劳动者的基本特征

项目		频数	占比（%）
户籍组成	本地户籍	4	19.05
	外地户籍	17	80.95
年龄结构	40岁以下	19	90.48
	40岁及以上	2	9.52
学历情况	高中、中专或技校	7	33.33
	大专或高职	7	33.33
	本科及以上	7	33.33
职种构成	项目管理人员	2	9.52
	专业技术人员	2	9.52
	普通人员	17	80.95
总计		21	

资料来源：根据访谈资料统计整理。

4.2.2 业务外包

业务外包（outsourcing）并非法律术语，由美国学者哈默（Gary Hamel）和普拉哈拉德（C. K. Prahalad）在《企业的核心竞争力》一文中首次提出，指的是企业根据外包协议整合利用外部资源，将企业内部的某项职能或某项任务分包给其他组织或个人，从而降低成本、提高效率、最大限度地发挥本企业的核心优势、增强对外界环境的应变能力的一种管理模式。①

业务外包是企业分包行为的统称，因企业外包的业务内容不同，其名称有所差异，比如岗位外包（如人力资源外包）、劳务外包、服务外包、技术外包等。其中，劳务外包根据合同标的不同又分为以劳务本身为标的外包合同和以劳务行为结果为标的外包合同。以劳务本身为标的外包合同侧重于劳务行为过程，如安保合同、日劳动（day labor）合同；以劳务行为结果为标的的外包合同侧重于所完成的劳动成果，如加工承揽合同。

业务外包主要是凭借外包（承揽）合同来保障承包方与发包方之间交付业务成果、按工作成果或工作量支付报酬或按比例分配收益的民事权利义务关系，适用于《中华人民共和国民法典》中有关承揽合同的规定。根据业务承包方是否具有独立法人资质，业务外包可分为发包给自然人（独立承包商）和发包给具有独立法人资质的组织。众包（crowdsourcing）属于业务外包的一种表现形式，主要指组织通过互联网方式将业务发包给各种组织和个人（互联网用工中的一种方式）。

当发包方将业务发包给具有独立法人资质的组织时，业务承包方与劳动者的关系为工作关系。当发包方直接将业务发包给劳动者个人时，双方之间的关系属性根据结算方式的不同而有所差异。如果双方根据劳动者的工作量或工作成果付费，则双方属于工作关系。如果双方按比例分配收益，则双方属于合作关系（见图4-3）。

---

① 刘文华，赵磊．业务外包劳动法律规制研究［J］．中国劳动，2017（11）：4-10.

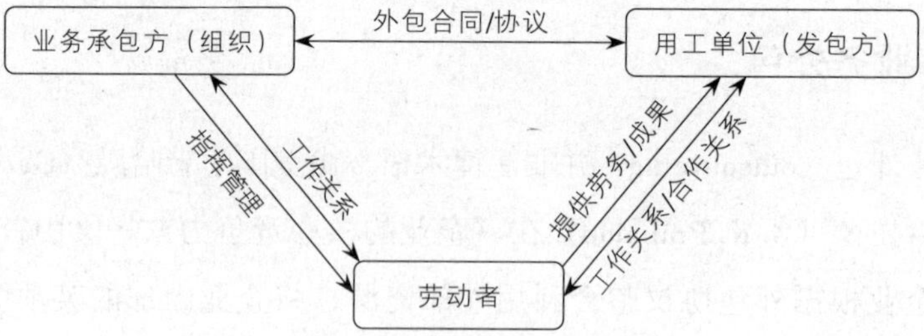

图4-3　业务外包模式下的主体关系

在业务外包模式中，发包方将业务发包给承包方，并根据承包方的工作天数、工作量或工作成果付费。因此，适用于业务外包的工作或岗位属于承包方能以工作成果形式交付，发包方能对工作成果进行验收、考核的工作，或者标的为劳务并按照工作时间结算的工作（见表4-4）。

表4-4　业务外包模式下的岗位/工作类型

用工模式	岗位/工作类型	访谈材料
业务外包	专业知识	我们想做一些关于学生群体心理、动机的研究来辅助课程打造，但是我们没有研究能力，因此和研究中小学生教育的高校机构合作，将这些项目外包给高校老师并按照项目付费。（2020040701SKL培训机构负责人） 当项目多、全职护士忙不过来的时候会找兼职护士，根据项目的难易程度支付报酬300～400元/天，平台当日现结。（2020030201PDR 医疗平台管理人员）
	技术技能	有一些工作需要专业技术，我们搞不定的时候就会外包给别人，比如甲方要求布置一个舞台，而且要求很高，需要激光、立体环绕音效，这些要靠很专业的人来完成，我们做不来，只能外包给别人做。（2020031201HZ传媒公司部门管理人员）
		我们和木工、水电工、油漆工等技术工人是合作关系，和他们签外包协议，直接把工程的相应部分包给他们。（202030101HMK家政平台企业管理人员） 劳动者本人在平台上注册成为服务提供者，上传身份证、资格证、健康证，审核通过就可以在网上接单，平台一般会根据劳动者的地点偏好、技能、收入要求等匹配客户。（2020041103HMK家政平台企业管理人员）

续表

用工模式	岗位/工作类型	访谈材料
业务外包	辅助性工作/岗位	保洁和保安非公司主营业务，技术含量低，市场化程度高，因此选择外包给专业的保洁、保安公司。（2020022701SK房地产开发公司部门经理） 市场部销售员按天付费，一天200元，工作时间为周末的上午9点至下午6：30。（202030101HMK家政平台企业管理人员） 我们需要群众演员的时候，就会通过群头（群众演员的领队）找演员，我们会跟群头讲清楚要多少人、有什么具体的要求、演多少天以及总共给多少钱，任务完成后会将钱直接给群头，由群头再给他找来的群众演员，具体给多少我们不管。（2020030501ED影视公司运营负责人）

资料来源：根据访谈资料统计整理。

表4-5显示，在被调查企业中，业务外包模式下劳动者的基本特征为：外地人占比大，40岁以下者居多，从事普通岗位和专业技术岗位者居多，拥有大专或本科学历者居多。

表4-5　　业务外包模式下劳动者的基本特征

项目		频数	占比（%）
户籍组成	本地人	5	15.15
	外地人	28	84.85
年龄结构	40岁以下	31	93.94
	40岁及以上	2	6.06
学历情况	初中及以下	1	3.03
	高中	5	15.15
	大专	14	42.42
	本科	13	39.39
职种构成	项目管理人员	1	3.03
	专业技术人员	13	39.39
	普通人员	19	57.58
总计		33	

资料来源：根据访谈资料统计整理。

在业务外包中，发包方可以将业务直接外包给自然人，也可以将业务外包给具有独立法人资质的组织。选择承包方时主要考虑以下因素：工作量、工作质量要求、时间紧迫性、完成业务所需的专业化程度、工作前后的一致性、发包方的管理能力等（见表4-6）。

表4-6 选择承包商时主要考虑的因素

考虑因素	访谈材料
工作量	我们外包给公司做的业务，工作量大、要求高、专业化程度高，用专业的人做专业的事，我们不需要操心，验收成果即可。（2020030602DAML传媒公司负责人）
完成业务所需的专业化程度	
工作的前后一致性	包给个人的原因是专业化程度高，工作前后能保持一致性。（2020030403SJB影视后期制作公司项目经理）
工作质量	工作量大、专业化程度高、工作质量要求高、时间紧迫的业务，个人承接不了。（2020030301SM影视广告公司管理人员）
时间的紧迫性	
管理能力	外包给个人做的业务，有时候需要公司将业务进行分解，然后发包给个人，对个人的专业度要求低，公司要多操点心。（2020030602DAML传媒公司负责人）
	公司有专门的项目部工作人员，将大项目分解为小项目，外包给个人。（2020030403SJB影视后期制作公司项目经理）

资料来源：根据访谈资料统计整理。

4.2.3 合作用工

合作用工并不是一个法律概念，它主要指组织与个人、组织与组织等平等主体之间按照约定条件共同经营、按比例承担风险和分配收益的一种用工模式。企业可以直接与劳动者建立合作关系，也可以通过与具备独立法人资质的组织建立合作关系从而使用该组织的劳动者，比如“共享员工”（见图4-4）。

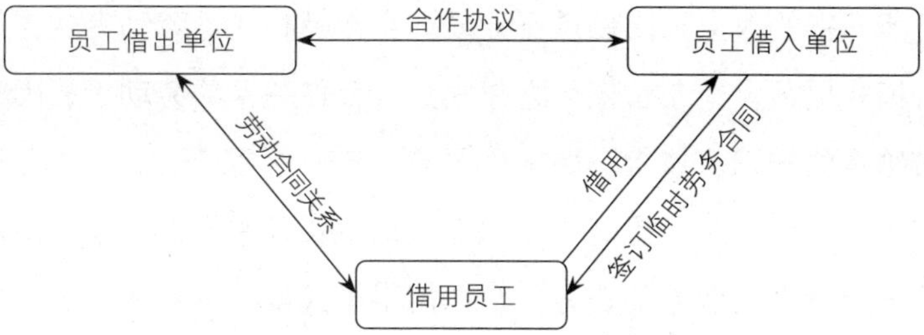

图 4-4 共享员工中的主体关系

2020 年，面对新冠肺炎疫情的影响，我国企业创造的“共享员工”就属于典型的合作用工模式。

2020 年 2 月 3 日，阿里巴巴集团旗下的盒马鲜生宣布“共享”云海肴、青年餐厅等餐饮品牌的近 500 名员工，安排他们在盒马鲜生位于北京、上海、杭州、南京、西安、深圳、广州等地的门店上班，负责参与打包、分拣、上架、餐饮等工作。盒马鲜生紧接着又对接了蜀大侠、望湘园、西贝莜面村、茶颜悦色等 30 多家餐饮企业，其中西贝莜面村有 1 000 多名员工加入盒马鲜生。2 月 6 日，阿里巴巴本地生活服务公司正式推出“蓝海”就业共享平台，邀约全国各地餐饮商户统一为“富余”员工就近报名，使他们成为外卖骑手。该计划发布之前，已经有 4 000 名餐厅员工有意“临时上岗”。2 月 8 日，京东物流面向全国开放包括仓储员、分拣员、快递员、驾驶员等在内的超过 20 000 个一线岗位。阿里巴巴、京东、苏宁、每日优鲜等都有与传统餐饮企业共享员工的计划。①

在合作用工模式中，企业和劳动者按比例分配收益的具体方式主要包括三种：一是按照任务完成量确定分成比例后对收益进行分成；二是按照固定比例对收益进行分成；三是在设定基础任务量和基础费用的基础之上对超额

① 部分资料来源于：向远之．共享员工来了 共享员工是怎么回事［EB/OL］．(2020-02-10)［2022-12-18］．https://baijiahao. baidu. com/s? id=1658141441002276183&wfr=spider&for=pc.

完成任务所获得的收益按比例进行分成。合作越长久，劳动者获得的利益越多。这种模式更适合企业希望与之建立长久合作关系的劳动者，因为这类劳动者能带给企业知识、技术、顾客资源等，企业希望通过高分成比例来激励劳动者与自己合作，并且提高合作频率以维持长久的合作关系，从而保障稳定地通过该劳动者获取外部资源。合作用工模式常用于专业知识和技术技能类岗位/工作（见表4-7）。

表4-7　　合作用工模式下的岗位/工作类型

用工模式	岗位/工作类型	访谈材料
合作用工	专业知识	我们与已办理多点执业备案并具有执业医师级别的牙医签订合作协议，患者诊疗费用的分成比例为：医生诊疗费40%，渠道费用30%，诊所场地费用（护士）20%，平台费用10%。如果患者是医生带来的，渠道费用也支付给医生。平台赚取诊所场地费用和平台费用。（2020030201PDR医疗平台管理人员）
		我们开始没有销售人员，只能依托渠道，和集团其他公司合作共享渠道，比如让银行和集团其他保险公司卖我们公司的保险产品。共享一个渠道卖不同的产品，相当于是提高人员的使用效率，或者提高渠道的使用效率。（20200226PAJK保险公司工作人员）
		医生自己在平台上确定接诊价格，问诊方式为图文、语音、视频，不同的方式有不同的价格。平台和医生按比例分成，患者在线支付完成后，平台在扣除平台分成后月底统一把医生的分成汇入医生的平台账户（每次接诊后平台按照独立承包商的方式代其扣税），医生提款没有上额限制。（2020040201WXY互联网平台管理人员）
	技术技能	我们会和公会合作，让其旗下主播在平台上开播，平台和公会对于打赏收入的分成比例为3∶7，公会再与主播按比例分成，具体比例根据主播的粉丝量、日流水决定；另外，我们也会直接与主播合作，签订经纪合同，双方根据打赏总额按一定比例分成。（2020050301XXSM直播平台企业部门管理人员）

资料来源：根据访谈资料统计整理。

4.2.4 合伙用工

有学者对合伙制做了一个简单的定义：团队成员之间的利润分成规则[①]。据此定义，合伙用工主要指两个以上的民事主体共同出资、共同经营、共负盈亏的协议关系。企业与劳动者建立的合伙用工关系一般是企业以货币出资，劳动者以其人力资本出资，双方共同经营、共负盈亏。由此可见，企业和劳动者建立合伙用工关系，意味着劳动者也成为企业的“老板”。

合伙用工的表现形式为合伙制企业、企业合伙人制和协同合伙型联营。其中，合伙制企业是由人力资本所有者之间通过订立合伙协议共同出资经营、共负盈亏、共担风险的企业组织形式，其目的在于获取企业发展所需资源、分散风险。企业合伙人制的特点是，雇佣关系是合伙关系的前提条件，也就是说，被激励对象首先是企业的员工，然后才能成为合伙人。协同合伙型联营主要指人力资本所有者和企业通过合伙型联营、合同型联营和法人型联营等方式建立合伙用工关系。

企业之所以期望通过合伙用工的模式与劳动者建立长久关系，是因为劳动者的人力资本存量大，能为企业带来不可估量的效益，而雇佣模式对劳动者已经没有吸引力。因此，合伙用工模式下的岗位/工作类型主要为专业知识和技术技能型，且这类岗位中的劳动者人力资本存量巨大。

“对于平台上知名的医生，平台可以把他们转化为合伙人，医生可以占股份，等于平台帮助医生运营诊所，这样一方面医生实现了个人价值，另一方面平台能把医生长久地留在平台上工作。”（2020030201PDR 医疗平台管理人员）

---

① FAMA E F，JENSEN M C. Separation and ownership and control [J]. Journal of Law and Economics，1983，26 (2)：301-325.

“很多MCN公司或者公会会与粉丝量大的头部网红建立合伙关系，因为这样可以避免行业内其他的机构挖墙脚，可以保证网红与机构长久合作，为机构带来收益。”（2020042602YYF直播平台企业部门管理人员）

虽然社会化用工中存在劳务派遣、业务外包、合作用工和合伙用工四种用工模式，但因为企业在所属行业、成立时间、规模、性质以及资金来源等方面具有差异性，对合规性的需求和人力资本可获得的便利程度也有所差异，所以它们在用工管理实践过程中会根据所处的行业现状、自身的业务情况、现有的雇员状况、外部劳动者人力资本存量等因素，选择多种用工模式。

图4-5是企业选择通过劳务派遣和业务外包模式使用的劳动者类型。从中可以看出，企业通过劳务派遣和业务外包模式使用辅助性岗位和专业技术岗位劳动者的可能性大。另外，对于专业技术岗位劳动者，企业选择采用业务外包模式的概率大于劳务派遣模式。

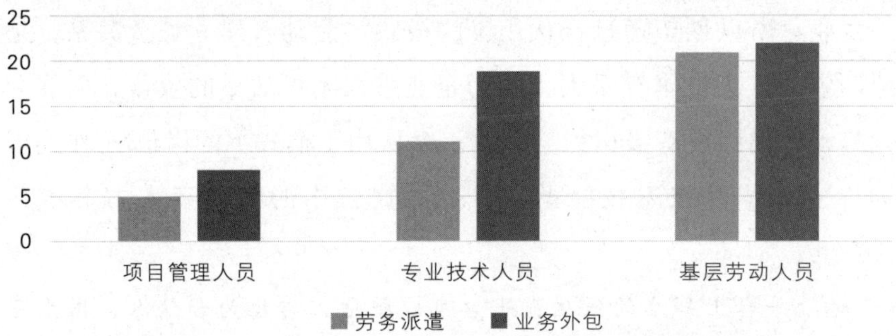

图4-5　劳务派遣和业务外包模式下所需劳动者类型

此外，企业可以只选择一种用工模式，也可以根据不同的业务/岗位/工作同时选择多种用工模式。如图4-6所示，在我们调研的48家企业中，有一半以上的企业选择2种及以上的用工模式，其中有3家企业采用4种用工模式。

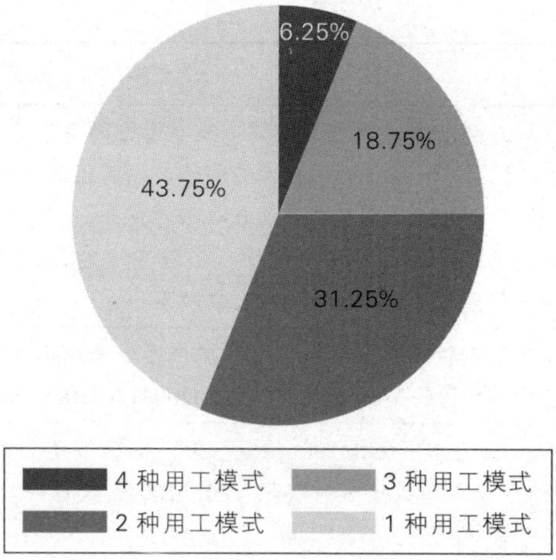

图4-6　企业选择的社会化用工模式数量

社会化用工的模式与结算方式相关，同样，结算方式也会影响企业和劳动者之间的关系。社会化用工中的结算方式主要分为按工作成果付费、按工作量付费、按收益分成以及按利润分成（见表4-8）。其中，对于业务外包而言，既可以将劳务过程作为标的，也可以将劳务成果作为标的，所以按工作量付费时，既包括劳务过程持续的天数，也包括劳务成果的数量。前文已经介绍，按收益分成的方式具体也有三种。

表4-8　社会化用工结算方式

结算方式	访谈资料
按工作成果付费	我们有极少数用来应急的设计员，如遇内部设计员辞职或订单多、内部设计员忙不过来的情况，就选择外包一部分设计工作给这些设计员，按项目结算，每个项目大概1 000元。（20200301HMK家政平台企业管理人员） 我们一般会把娱乐节目后期的剪辑工作外包给后期剪辑人员，合作前会约定好交片子的时间以及相应的费用，并在对方交付最终成果的时候支付费用。（2020030403SJB影视后期制作公司项目经理）

续表

结算方式	访谈资料
按照工作量付费	整个上海乃至全国，这种工种都是按工程量即完成的面积以及工种的市场价计算的。比如，一套100平方米的房子，油漆工做完给他5 000元，木工做完给他1万元，泥水工做完给他6 000元。另外，在开工前，企业预支给工人一部分工程款（30%）作为首款，工程完成后无论客户是否支付装修费均向工人支付尾款。（20200301HMK家政平台企业管理人员）
	短期销售员的付费方式就是你给我提供多少号码，我给你多少钱，应该是按照市场价一个号码3~5元这样子。（2020031401BX信息科技公司部门负责人）
	电话客服的工作报酬是100~120元/天，推销成功后的提成为订单成交额的1%～2%。派传单的报酬为底薪（80～100元/天）+提成（周结，带客户来留下姓名和联系方式即可，10元/人头），成单后提成1%～2%。（2020030601WL房产经纪公司地区负责人）
	兼职护士的日薪为300～400元，具体要看项目的难易程度，工作结束后平台会当日现结。（2020030201PDR医疗平台管理人员）
按收益分成	艺人经纪人的收入按照艺人纯收入的20%～30%提成；编剧的收入按照剧本售价的一定比例分成。（2020031301SM影视广告公司管理人员）
	创作者按点击量和原创作品付费量分成，任务量完成得多，分成比例高，任务量完成得少，分成比例低。公司根据每月完成的任务量计算点击量、付费量的分成比例，按月支付佣金，按劳务费发放，计薪期为6个月，之后作品的所有收益归平台所有。（2020032501HY文化传媒公司工作人员）
	大夫在线诊疗，平台和大夫根据患者支付的问诊费用分成：图文问诊一般是三七分成，医生拿七成，订单多、患者管理好的医生拿八成；视频、电话问诊为二八分成，医生拿八成。（2020041103XXSM直播平台企业部门管理人员） 社区团长的佣金为销售额的10%。消费者在平台下单，佣金直接返还到团长的账户，团长每日最多可从账户中提现1万元。（2020040702YJPZ互联网销售公司运营部门管理人员） 商家找主播带货时有多种合作方式，要看主播的个人情况（火不火）。一般都会给主播一个保底收入，叫坑位费，一个产品几千元至上万元不等；主播带货超过一定量后，按一定比例分成。（2020042602YYF直播平台企业部门管理人员）
按利润分成	对于与平台合作得好的牙医，平台会给他们投资开个人诊所，双方按照利润分成。（2020030201PDR医疗平台管理人员）
	对于现在粉丝量级高的网红，MCN或者公会不但会和他们签经纪合同，还会通过分配股份等方式与他们绑定，共享年终利润。（2020042602YYF直播平台企业部门管理人员）

资料来源：根据访谈资料统计整理。

4.3　用工渠道

企业在确定了社会化用工模式后，会通过互联网招聘平台、熟人介绍、企业网站、人力资源公司或外包公司等渠道组织外部劳动者并与之建立工作关系、合作关系或合伙关系。从调研反馈样本对社会化用工渠道的选择来看（多选题），企业选择的用工渠道有所差异：使用互联网招聘平台（智联招聘、BOSS直聘等）的企业最多，有39家；采用熟人介绍方式的企业次之，有24家；选择人力资源公司的企业有21家；选择外包公司的企业有18家；通过自有网站和公众号招揽人才的企业有15家；还有8家企业选择其他的招聘渠道（见图4-7）。

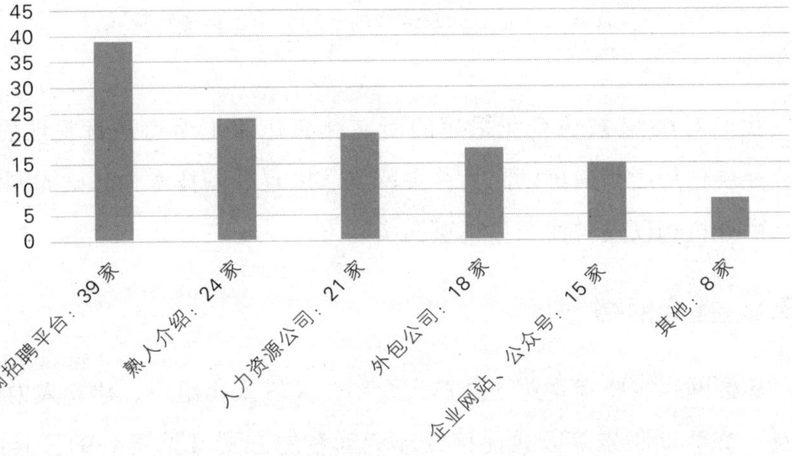

图4-7　企业社会化用工中的渠道选择

由于用工模式存在多样性，企业可能同时选择多种用工渠道。从调查反馈回来的48份问卷的统计结果来看，有2家企业采用全部（5

种）渠道，采用3种渠道的企业最多，有19家，有6家企业仅采用1种渠道（见图4-8）。

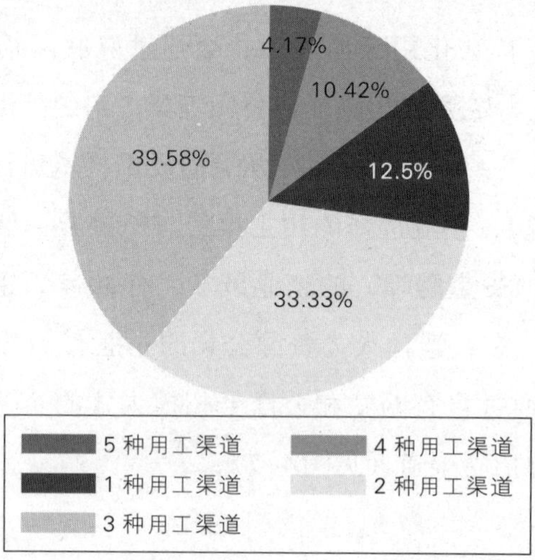

图4-8　企业同时选择的社会化用工渠道数量

我们对68家被访企业采用的所有社会化用工渠道进行整理后发现，企业社会化用工渠道可以归为社会网络、以互联网技术为基础的网络或平台、中介机构以及自建招募渠道四类。

4.3.1　社会网络

社会网络主要指企业通过熟人介绍、关键人物组织、建立人力资本库以及社交活动积累等方式连接外部劳动者的方式（见表4-9）。其中，关键人物是掌握并能迅速通过自己的方式联系、提供大量从事某工种的劳动者的“领头”，比如能够组织派发传单人员的“蜂头”。

表4-9　　社会网络中的用工渠道

渠道	方式	访谈资料
社会网络	熟人介绍	找合作者主要通过朋友推荐，因为行业圈子比较小（2020030602DAML 传媒公司负责人）
		平台上的团长的招募渠道是现有团长转介绍。转介绍会返佣，按常年销售额返佣（最多两级）。（2020040702YJPZ 互联网销售公司运营部门管理人员）
		后期剪辑人员会通过朋友介绍，因为后期剪辑的要求高，熟人介绍来的人比较靠谱。（2020030403SJB 影视后期制作公司项目经理）
		找人的时候还可以通过同行之间相互推荐，比如说我认识一个泥水工，我就可以让他帮我找到木工、水电工。（2020031501TJ 装修公司管理人员）
	关键人物组织	工程部雇了五名队长，因为他们手上的人员比较多，他们能迅速找到各种工种的工人，而且知道这些人活干得好不好。（2020030101HMK家政平台企业管理人员）
		主要通过微信群联系群头来找群众演员，因为群头找得快，我们也比较省心且成本低。钱会给群头，让群头给群演分，他们自己会扣除一部分。（2020030501ED 影视公司运营负责人）
		招“小蜜蜂”（派发传单人员）主要靠“蜂头”，从招募到管理到结算全部由“蜂头”负责。（2020031601WL 房产经纪公司地区负责人）
	人力资本库	某项业务或者工作需要某类人才的时候，我们先会考虑之前合作得比较好的人员，看他们的档期是否合适。（2020030602DAML 传媒公司负责人）
		我们在找人的时候会先查看之前合作的档案、自己的用工数据库以及之前项目的复盘会议总结等。（2020030403SJB 影视后期制作公司项目经理）
	社交活动	参加各种社交活动会认识一些圈里的人，比如摄影、编导等，他们会自我介绍、留下联系方式，等我们需要用到这类人时就会联系。（2020030203YMJR 艺人经纪公司管理者）
		对于政府和公共关系顾问，主要通过商学院、媒体公司组织的活动、新闻发布会以及商业互推等渠道认识。（2020030502TKJR 金融公司管理人员）

资料来源：根据访谈资料统计整理。

4.3.2 以互联网技术为基础的网络或平台

以互联网技术为基础的网络或平台这一用工渠道主要有三种形式，即互联网招聘平台、互联网沟通展示工具以及互联网众包平台（见表4-10）。

表4-10　　　　以互联网技术为基础的用工渠道

渠道	方式	访谈资料
以互联网技术为基础的网络或平台	互联网招聘平台	对于大部分营销人员，我们是通过智联招聘、58同城、BOSS直聘等网上平台招聘。如果有相关人员，也可以请他们介绍，但介绍的信息面肯定窄一点，大部分是通过网络招聘。（2020030101HMK家政平台企业管理人员）
		初期剪辑人员是通过智联招聘、BOSS直聘等招聘网站招聘的。（2020030403SJB影视后期制作公司项目经理）
	互联网沟通展示工具	艺人宣传、艺人经纪人是通过微信群联系的，在群里发布岗位/工作信息。（2020030403SJB影视后期制作公司项目经理）
		患者会提前在平台上预约就诊时间，诊所根据患者的预约进行准备工作，有时患者较多、雇佣护士忙不过来或者遇到雇佣护士离职或请假的情况，我们会在微信朋友圈发布工作信息，招募兼职的护士。（2020030201PDR医疗平台管理人员）
		很多医生会在微博等自媒体上打造品牌，提升自己的知名度，因此，我们需要某些领域的专家医生时，他们的微博、抖音等自媒体就成为我们寻找他们的渠道。（2020031301SY医疗美容医院部门负责人）
	互联网众包平台	我们会在自己的平台上发布招募信息，传递“自用省钱，分享赚钱”的理念，让我们的会员通过向亲朋好友分享店铺转变为店长。（2020041504JD互联网销售公司运营部门管理人员）

资料来源：根据访谈资料统计整理。

4.3.3 中介机构

中介机构是企业组织外部劳动者的重要渠道，根据企业所属的不同行业和所需的不同资源，中介机构的类型有所不同，但常用的中介机构为人力资源公司（见表4-11）。

表4-11 中介机构中的用工渠道

渠道	方式	访谈资料
中介机构	人力资源公司	生物实验检测员与劳务派遣公司签订合同，可以兼职，也可以全职在医院工作，考勤由劳务公司管理，工资由劳务公司支付，工作职责由医院主任管理。（2020031302YLQX医疗器械公司管理人员）
		高级顾问有一部分走的是猎头公司招聘渠道。（2020030102YX投资集团管理人员）
	经纪公司	主要的角色选演员的话，肯定是找演员的经纪公司，他们会推荐几个人过来，如果导演有看中的，就叫过来面试，确认好了就录用。当然，他们也有各自的价位和要求，既要考虑导演的要求，也要符合预算。（2020031202YSFX影视制作公司管理人员）
	公会或MCN机构	我们需要主播或者达人为商家做广告或者带货时，会联系MCN机构或者公会，告知我们的诉求以及目标曝光群体，让他们推荐人选，我们支付相应的广告费用或带货费用。（2020042401TBK互联网销售平台管理人员）
	承揽业务公司	我们一般会将保安、保洁业务外包给专业的公司，他们负责将保安或保洁人员派到我们这里工作。（2020030303WKWXY互联网平台管理人员）
	家政/月嫂公司	平台会和人力资源公司、家政公司、月嫂公司等中介机构合作导流，让这些公司的家政人员、月嫂等在平台上注册，扩大平台的劳动力供给。（2020041103HMK家政平台企业管理人员）
	学校	对于实习生或者临时的兼职人员，我们会和学校的学生会合作，去学校现场招聘。（2020030102YX投资集团管理人员）

资料来源：根据访谈资料统计整理。

4.3.4 自建招募渠道

当企业需要的外部人力资本无法通过上述渠道获得，或通过上述渠道无法获得稳定、可靠的人力资本供给时，企业会选择自建招募渠道。

“2006年公司初建时，公司内部自建销售团队（100~200人）去全国各地医院陌生拜访，收录医院和专家信息，与医生谈入驻平台事宜，告知医生在平台上可以获得的利益等，来招募医生上平台接诊。”（2020030201PDR医疗平台管理人员）

虽然企业可以选择多种社会化用工渠道，但这种选择存在路径依赖，而且企业的规模和性质不同，选择用工渠道时的侧重点不同。规模大的企业，或者国有性质的企业，倾向选择人力资源公司或外包公司等中介机构与劳动者建立关系（见图4-9）。比如，行业内的头部企业，特别是国有企业，偏向使用劳务派遣和业务外包模式，因此其用工渠道偏向人力资源公司或外包公司。这些企业在选择用工模式和用工渠道时更注重合规性和企业的社会责任。小型企业更偏向于直接将业务外包给劳动者，因为这种社会化用工模式的成本低。

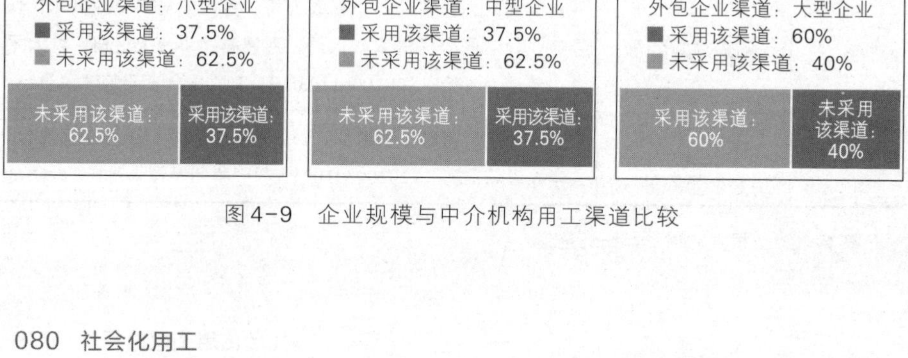

图4-9 企业规模与中介机构用工渠道比较

另外，企业在选择用工渠道时也会参考工作的专业化程度、紧迫程度、行业内的市场化程度等多方面的因素。

我们对访谈资料进行整理和对比后发现，影视文娱行业的用工模式灵活，市场化程度高，“圈子比较小”，企业如果有用工需求，比如需要Photoshop技术人员处理平面广告，则会通过熟人介绍。然而，同样是需要处理平面广告的Photoshop技术人员，X地产公司则会通过人力资源公司来获得。

此外，劳动者的人力资本存量和就业偏好会影响工作市场中的人力资本供给，从而影响企业对用工渠道的选择。比如，人力资本存量越高，或者越偏好灵活自由、家庭与工作平衡的劳动者，越倾向于作为独立承包商直接承揽企业的外包业务；人力资本存量越低的劳动者，越需要依附中介机构获得稳定的工作机会。

4.4 管理策略

企业通过社会化用工与劳动者建立的工作关系或合作关系具有临时性和松散性，劳动者和企业之间是平等的民事主体关系，不具有雇佣关系下的从属性。因此，企业虽然通过社会化用工获得了外部资源，降低了成本，提高了生产效率，但也存在人力资本供给不稳定、工作质量和效率难控制、沟通成本高等管理困境。企业对外部劳动者的管理有别于雇佣关系中的依托权力体系的管理控制，需要在灵活性与效率、自主与控制间寻求平衡。

4.4.1 寻求不稳定性中的稳定性

虽然企业的订单和业务具有不稳定性，企业的用工需求也就有不稳定性，但企业总是期望在业务来临或需要获取外部资源的时候有稳定的人力资本供给。前文已经阐述，企业可以采用多种用工渠道确保人力资本供给的稳定性。这里通过在线家政平台的案例详细介绍算法管理在平台获得稳定的劳动力供给中的作用。

平台的算法管理分为三个机制，分别是服务分机制、排名机制和优先派单机制。这三个机制之间环环相扣，最终通过影响平台劳动者的订单量来影响劳动者的行为。

HMK平台与人力资源公司、家政服务公司、月嫂公司等中介机构合作，让这些机构的家政人员上线接单，平台、中介机构和家政人员按照一定比例对顾客支付的费用分成。

平台劳动者在平台上注册完成后，需要上传健康证、上岗证等证件，平台根据家政人员的持证时间、证书等级、服务年限，以及在平台上的用户数、接单量、好评率等要素加权计算其服务分。

平台根据服务分的高低对家政人员进行排名。在服务分真实的情况下，中介机构有权限对接单活跃的家政人员微调分数，比如对服务年限等因素可以酌情处理，确保在平台上活跃的劳动者的服务分处于高分状态。另外，在同等条件下，中介机构引流的家政人员的分数一般要比众包平台的家政人员的分数高，因为有第三方公司为其做工作经验审核和背书，平台对他们的信任度高于众包平台的劳动者。

平台会给服务分数高、排名靠前的家政人员扩大派单范围、优先派单以及派质量好的订单，从而影响他们的收入。家政人员为确保订单和收入的稳定性，就需要持续在线接单，因此，平台通过算法维持了劳动力的持续供给。（源于HMK家政平台部门管理人员的访谈资料）

4.4.2 寻求不确定性中的确定性

在社会化用工中，劳动者与企业是平等的民事主体关系，企业在直接与劳动者合作时一般只是口头约定工作内容、费用和交付时间，双方呈现出弱契约和弱约束的特点，因此劳动者的工作效率和工作成果具有不确定性。为了最大限度地降低这种不确定性，企业采取的管理策略为前期筛选、中期沟通、后期验收。

（1）前期筛选

前期筛选是指企业通过高标准、严要求的背景和资质审查将不符合企业需求的外部劳动者排除掉，尽可能降低选用劳动者过程中的不确定性，确保在与劳动者建立工作关系、合作关系或者合伙关系时该劳动者能够保质保量地完成工作任务（见表4-12）。

表4-12　　　　社会化用工前期管理策略

管理策略	具体措施	访谈资料
背景和资质审查	审查个人背景	我们现在招已经结婚成家的，这类人的流动性小一点，我们就减少一些招聘和培训的压力。（2020030101HMK家政平台企业管理人员） 在和技术人员合作前要看他的口碑，看他在行业内的基本工作情况。（2020030501ED影视公司运营负责人） 在合作前要考核兼职销售员是否胜任，比如考察其与相关人员关系的紧密程度、相关人员在订单成交中的关键作用。（2020031302YLQX医疗器械公司管理人员） 我们在与独立经纪人合作前要看他的客户多不多，有没有行业内的工作经验。（2020031601WL房产经纪公司地区负责人）
	确定工作业绩和工作能力	对泥水工、木工、油漆工不需要专门的要求，因为都是熟人介绍过来的，活一干我们就知道他做得好不好，不好的话我们不会让他做。（2020030101HMK家政平台企业管理人员） 如果灯光、摄像这类技术工作需要外包的话，我们都是要看劳动者的工作年限，比如说摄像师最起码应该有三年的工作经验，录音师至少应该有一年的工作经验，对灯光师的要求更高，一般会找老师傅，因为这是一项技术性很强的工作。（20200301202YSFX影视制作公司管理人员） 对技术人员，主要看他的作品小样（什么手法、软件），试用一下，合适就签协议。（2020030501ED影视公司运营负责人） 兼职作家需要提供之前的作品，或根据指定题材进行创作，看创作水平是否符合要求（先由运营部审核，通过后召集专职作家一起探讨把关）。（2020032501HY文化传媒公司工作人员）

续表

管理策略	具体措施	访谈资料
背景和资质审查	审查资质证明	兼职老师要有本科及以上学历，有普通话证书。(2020031401BX信息科技公司部门负责人) 水电工必须持证上岗，这是有要求的，因为这属于危险职业，出了事我们谁也担当不了。特殊工种就要证件嘛。(2020030101HMK家政平台企业管理人员) 在平台上注册的医生要有执业医师资格，而且要求技术好、技能全面。(2020030201PDR医疗平台管理人员) 家政服务员、月嫂需要健康证和上岗资格证书。(2020041103HMK家政平台企业管理人员)

资料来源：根据访谈资料统计整理。

(2) 中期沟通

在与外部劳动者建立工作关系、合作关系或合伙关系后，企业通过培训、沟通交流来确保劳动者按时按量完成工作任务（见表4-13）。

表4-13　社会化用工中期管理策略

管理策略	具体措施	访谈资料
培训	产品介绍	我们会对医院的营销导流人员进行培训，培训的主要内容为产品介绍、品牌介绍、技术培训、流程培训。(2020030201PDR医疗平台管理人员) 平时会给医生培训一些平台上的规则、为患者提供服务的注意事项，如线上服务怎么开展、如何用平台、服务理念是什么（及时回复、多解释），如何提高口碑、提高服务分等产品信息。(2020030201PDR医疗平台管理人员)
	企业规章制度、工作流程等	在客服人员上岗前，我们会进行简单的培训，主要是告知企业的规章制度，毕竟他们是要来公司上班的，还有结薪的方式、费用计算依据、工作流程等内容。(2020030101HMK家政平台企业管理人员) 我们会将短期地推人员专门拉进一个微信群，做一个简单的培训，一般是告知工作内容、业务量的审核评判标准、费用计算方法等。(2020031401BX信息科技公司部门负责人)

续表

管理策略	具体措施	访谈资料
培训	销售和沟通技巧	我们会给营销人员做培训，前期是技能上的培训，后期是业绩上的考核，只有两种培训：业务技能培训，如怎么跟客户谈单；跟客户沟通的培训，如怎么获得客户信任，和他们预约上门服务。（2020030101HMK家政平台企业管理人员）
沟通交流	沟通项目内容	针对技术人员在刚开始工作的时候有一个短期培训，沟通项目结果和效果，帮助个人融入团队，使个人发挥出最大能量。（2020030403SJB影视后期制作公司项目经理） 因为我们是做动画片的，每个动画片都会有剧情，所以合作者刚进入项目组的时候我们都会做个简单的培训，讲一下动画片的戏、人物特征、项目的要求和工作成果的考核标准等。（2020031202YSFX影视制作公司管理人员）
	明确任务目标和内容	每月在合作的作家群发当月的题材以及写作的方向等内容。（2020032501HY文化传媒公司工作人员）
	协调工作时间、地点和内容	针对老师的话，我们最多给他们介绍一下工作时间安排，以及主题是什么、需要去哪个地方，因为我们的老师都是比较资深的。或者，如果今天有讲座，我们会去核对一下，如果他们需要PPT或者是一些资料，我们会给他们提供，也有一些需要他们自己提供。他们需要提前把课件给我们审查一遍，因为他们有时候会用到翻译的内容，我们会检查一下。（2020031401BX信息科技公司部门负责人）
	监督过程	针对提供劳务的劳动者，在工作过程中，我们会通过微信等方式与他们沟通，比如让他们拍工作照、发定位、录视频，有时会有督查员观察他们的工作过程。（2020031401BX信息科技公司部门负责人）
	情感构建	在合作过程中关心合作伙伴的工作和生活情况，与他们成为朋友，而不是雇佣关系，一起攻克难题、完成任务，很有成就感。（2020030602DAML传媒公司负责人）

资料来源：根据访谈资料统计整理。

（3）后期验收

在社会化用工中，企业对劳动者的管控主要表现在以结果为导向的管理上。企业对劳动者工作成果的验收主要包括企业自己验收和委托第三方验收（见表4-14）。

表4-14　　社会化用工后期管理策略

管理策略	具体措施	访谈资料
验收工作成果	企业检验成果	我们是要对短期地推人员的工作成果进行检验的。第一，他提供的客户电话号码能否打通。如果能打通的号码只有一半，比如说一百个号码里面只有五十个能打通，是不行的。第二，电话打过去，对方是不是知道我们这个机构。因为地推人员做推广的时候肯定介绍过我们是干什么的，如果电话打过去，对方说“你干什么”或者没有听说过我们这个机构，这种也不算有效。所以说，我们的评判标准不是特别高，一个是客户的电话可以打通，还有一个是客户了解我们是干什么的，他能够认可我们，而不是接通电话就直接挂掉，秒挂。还有，打电话跟对方说“你好，我们这边是××老师，和你聊一下”，对方的态度立刻很凶，这都是不算的。(2020031401BX信息科技公司部门负责人) 我们对宣传人员主要检验其工作成果，如点评量、粉丝量、转载量、关注量；对编剧主要评审剧本的内容、题材、字数以及质量。(2020030301SM影视广告公司管理人员) 关于兼职作家的考核，我们在验收作品时会查重，看是否侵权；审核人员查看作品内容是否与题材一致。这两点通过后就可以在平台上架，不通过则会告知不予上架的原因。(2020032501HY文化传媒公司工作人员) 兼职的艺人经纪人或者网红经纪人的业绩考核跟他们的业务量是挂钩的。他们签了艺人之后，一个经纪人可能负责1~3个人，他们要去给艺人接一些商务合作项目。如果他一直没有业务量，比如三个月了还没有通告的话，肯定不符合业绩考核标准，我们就直接换掉了。(2020030604YBYJ经纪公司总经理)
验收工作成果	委托第三方评估结果	老师在线上课，像那种慕课①，就是学生可以看到老师的头像，下面是1对N的形式，或者老师在家里上课，学生坐在某个地方听课。他上课讲的所有内容，我们都要录下来的，还会对他的课程做一些评估，比如他的上课风格受不受欢迎，内容质量高不高，是否符合家长的需求。每次上完课，我们会对家长的反馈做一些了解，比如针对这节课的效果怎么样、对学生是否有帮助、老师怎么样，做一些简单的回访。(2020031401BX信息科技公司部门负责人) 我们会对医生的专业度、诊疗效果进行评估，由护士、患者和技术总监来评估。如果患者是其他渠道介绍来的，则要对患者进行回访，请患者参与评估。(2020030201PDR医疗平台管理人员) 家政人员的服务是否做得好会由顾客来点评，顾客的好评率会影响到家政人员的接单量。(2020041103HMK家政平台企业管理人员)

资料来源：根据访谈资料统计整理。

① 慕课（massive open online courses，MOOC）即大规模开放在线课程，是“互联网+教育”的产物，是新涌现出来的一种在线课程开发模式。

4.4.3 寻求流动性中的黏性

资源具有稀缺性。如何使自己的人力资本在时间约束下达到效用最大化是劳动者思考的问题；如何能在需要的时候用到最专业的劳动者，如何能保障与人力资本存量高的劳动者建立稳定的关系，则成为企业急需解决的问题。这注定是具有松散关系的劳动者与企业之间关于流动性和黏性的博弈，因此，企业在管理实践中通过物质激励、精神奖励、转变身份、期许未来等方式在流动性和黏性之间寻求平衡（见表4-15）。

表4-15　　企业对社会化用工中的劳动者的激励策略

管理策略	具体措施	访谈材料
物质激励	现金奖励	外部的技术合作者如果项目做得好，我们给的奖金其实还挺多的，而且我们平时的福利也挺好的，所以他们的工作积极性也挺高的。（2020030604YBYJ经纪公司总经理） 外部技术人员如果技术合成、特效做得好，会有额外的奖励，提前做完也会有一些奖励。（2020030501ED影视公司运营负责人） 兼职作家如果作品点击率和付费量上热搜，会有额外的奖金；长期合作的作家（两三年）会有年终奖（分红）。（2020032501HY文化传媒公司工作人员）
	提高单价	平时人家干一天350元，你这个师傅做得好我就可以给你400元，人家一小时给你25元，我给你30元。（2020030101HMK家政平台企业管理人员） 对于贡献值大的合作者，我们会增加报酬抢他们的档期。（2020030602DAML传媒公司负责人） 对于流量大的医生，平台会降低自己的提成比例。（2020040201WXY互联网平台管理人员）
	增加福利	一般如果我们这边兼职的宝妈做得比较好，我们会给她的小孩免费上课的福利。（2020031401BX信息科技公司部门负责人） 我们会发一些超市购物卡这样的东西，比如过节的时候我们会发给他们。（2020031401BX信息科技公司部门负责人） 对于合作良好的合作者，我们会车接车送，提高服务质量。（2020030602DAML传媒公司负责人） 对服务分高的医生会有流量倾斜，会向C端推荐该医生，通过广告位展示等提高其信息曝光度，提高患者找到医生的容易度，增加医生的问诊量、收入，以及患者的线下导流、病例累积数等。（2020030201PDR医疗平台管理人员）

续表

管理策略	具体措施	访谈材料
精神奖励	关怀	在合作者的微信群里，我们经常和他们聊天，给予他们关心。(2020031401BX信息科技公司部门负责人)
	认可	我们这边长期合作者和短期合作者都有工作群，每个人每天都有工作量的数据统计，我们会在群里展示谁做得比较好。(2020031401BX信息科技公司部门负责人)
	表扬	对做得好的合作者，我们会给予表扬。(2020030403SJB影视后期制作公司项目经理)
转变身份	转为雇佣关系	第一，如果合作者的贡献特别大，他们也有这个想法的话，就给他们转全职。第二，会重点培养他们，然后会给他们一些更好的福利待遇，还有就是一些活可能会优先交给他们去做，项目优先找他们去带。(2020030604YBYJ经纪公司总经理)
	转为合伙关系	合作好的医生，可以和平台合伙成立个人诊所等。(2020030201PDR医疗平台管理人员)
期许未来	增加合作机会	做得好的合作者，以后会多合作，做不好的就没有下次了。(2020030501ED影视公司运营负责人)

资料来源：根据访谈资料统计整理。

第5章
影视文娱行业中的社会化用工

在影视文娱行业中，企业采用社会化用工模式的频率高，呈现出项目制整合资源、人人都是“个体户”、严管控和弱保障的经纪制度等行业特点。在了解传统影视文娱行业的基础之上，我们对新兴板块——短视频和直播行业中的企业进行了调研。通过对短视频直播平台、公会、MCN机构以及主播或达人的深度访谈，我们发现短视频和直播平台的社会化用工呈现出以中介机构输送为主、众包为辅，逐级管控和算法管理并存，散养式发展和倾斜性培养并存的特点。

5.1 影视文娱行业的研究方法

我们围绕企业采用社会化用工的原因、用工模式、用工岗位、用工渠道、用工管理等内容对影视文娱行业中的15家企业的管理人员开展了半结构式深度访谈，每次访谈大约为1.5小时。出于对访谈信度和效度的考虑，我们在对企业管理人员进行深度访谈的同时，向该企业的人力资源部门的工作人员发放了调查问卷，回收有效问卷15份。

被访谈的企业具有多样性：按主营业务划分，有影视投资制作、后期剪辑、宣传发行、艺人经纪等企业，分布在影视文娱行业的上中下游；按企业规模划分，有大型企业3家，中型企业1家，小微型企业11家，覆盖各种规模；按企业性质划分，以民营企业为主，外资企业为辅。虽然本研究未能涉及该行业中的国有企业，但综合考虑本研究的内容、行业内国有企业占比、国有企业的合规性要求以及被访企业样本的可获得性等多方面因素，缺失行业内国有企业样本并不会对资料收集的丰富性和多样性造成大的影响。

此外，本研究不仅涉及影视文娱行业中影视、娱乐节目的制作和发行，国产动漫节目的制作和发行，还涉及影视文娱行业中的新领域——短视频和直播行业。其中，短视频和直播行业的被访对象包括平台企业、公会、MCN机构、星探公司以及平台上的主播（包括内容创作者和带货主播）和达人等。被访企业中，有的企业是从传统的影视文娱行业转型升级进入这一新兴行业的，有的企业是伴随该行业的发展而创立和发展起来的。

因此，这15家被访企业既能反映影视文娱行业社会化用工的现状，也能反映整个行业特别是新兴的短视频和直播板块中的人力资本是如何被企业整合起来的。

5.2 影视文娱行业的社会化用工现状

在影视文娱行业，社会化用工比较普遍，主要的用工原因为降低企业成本、应对临时的用工需求以及满足对专业技能的需求三个方面，用工模式主要为劳务派遣和业务外包，用工岗位主要为辅助性岗位和专业技术岗位。图5-1显示了影视文娱行业样本企业采用社会化用工模式的情况。

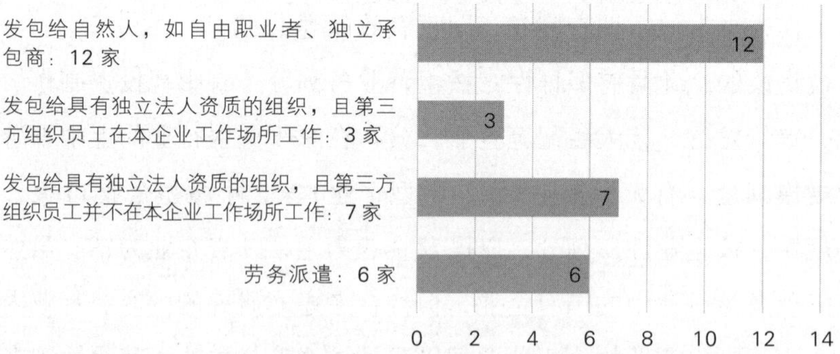

图5-1　影视文娱行业样本企业采用社会化用工模式的情况

从图5-1中可以发现，在影视文娱行业，选择将业务直接发包给自然人的企业最多，15家企业中有12家企业选择了这种模式，说明行业中独立承包商较多，市场化程度比较高。有7家企业选择了将业务发包给具有独立法人资质的组织并且不需要该组织派人员入驻其工作场所，这意味着这些企业通过业务外包等形式组织资源，只要求承包商提供工作成果。当然，也有一些工作需要由几个主体在一定的工作场所内共同完成，则该业务需要由承包商派驻员工或者合作者在发包方指定的工作场所完成。

另外，除了业务外包之外，该行业的企业还会通过劳务派遣的方式组织外部劳动力。图5-2显示了影视文娱行业样本企业选择劳务派遣和业务外包的原因和所需劳动者类型。

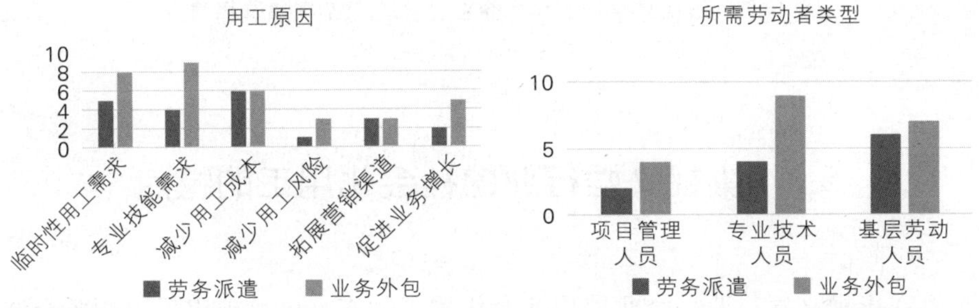

图5-2　影视文娱行业样本企业选择劳务派遣和业务外包的原因和所需劳动者类型

由图5-2的左图可知，影视文娱行业样本企业选择劳务派遣和业务外包的侧重点不同。企业选择劳务派遣的原因更偏重减少企业用工成本，这意味着企业选择劳务派遣模式的岗位更偏向辅助性岗位，对劳动者的技能要求较低。企业选择业务外包的原因更偏重满足专业技能的需求，因此业务外包的岗位更偏向于专业技术岗位。在图5-2的右图中，劳务派遣和业务外包对各类劳动者的需求占比验证了业务外包模式偏向于专业技术人员、劳务派遣模式偏向于辅助性岗位劳动者的结论。在社会化用工渠道上，企业倾向于选择互联网平台、熟人介绍以及中介机构（人力资源公司和外包公司）三种渠道（见图5-3）。

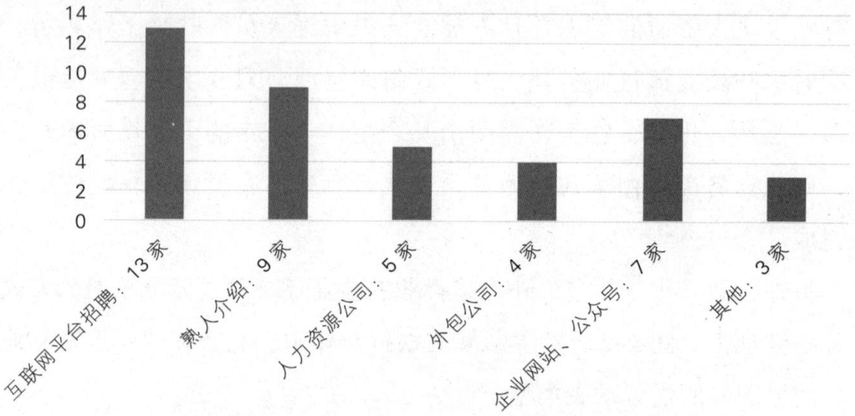

图5-3　影视文娱行业样本企业社会化用工渠道选择情况

5.3　影视文娱行业的社会化用工的特点

在影视文娱行业，企业使用社会化用工频率高，呈现出项目制整合资源、人人都是"个体户"以及严管控和弱保障的经纪制度等特点。

5.3.1　项目制整合资源

在影视文娱行业，影视娱乐节目的制作以项目制为主，因此行业的用工围绕项目而展开。每个影视作品或者娱乐节目均是一个项目，该项目由投资公司"出钱"，制作公司"组局"，制作人在制作、剪辑、宣传、发行等阶段会根据项目的需要整合行业内的各种人力资本，比如编剧、导演、演员、场务、服装、道具、化妆、剪辑、宣传、发行等。项目组采用的社会化用工模式主要包括劳务派遣、业务外包以及合作用工。其中，业务外包模式分为两类：一类是项目组将某项工作发包给具有独立法人资质的组织，该组织再派其雇员或者与其存在工作关系或合作关系的劳动者进入项目组工作；另一类是项目组直接将某项工作外包给自然人。

“这个行业的工作人员都是根据项目来整合的，大家因项目而来，项目完成就解散，流动性比较大。造成现在这种局面的原因：一是行业内的体制改革，电视台制作节目都搞外包和整合，人员流动性特别大，电视台都留不住编导和其他人员；二是这几年的资本运作，包括很多电影、电视剧，还有电视台的一些资本运作，大多采用这种项目外包的形式，造成了行业内人员的不稳定性。整个行业都是这样的，各有各的专长和领域，因为资源和特长不同，很少有全部都是一条龙制作的项目，基本上是大家各自做各自的，有活大家聚集在一起做。包括我认识的很多大的制作公司，它们做电视剧的时候，也不是全部用自己公司的人，也要到外面找人的。因为我们公司是制作公司，所以我们会根据节目的需要找各种资源，比如摄影、灯光、剪辑等。当项目要求的专业度高、工作量大的时候，我们会与专业的公司合作，当然也会考虑成本预算的问题，不行就直接找行业内做得比较好的个人合作。我们从事娱乐节目的制作有很多年了，在行业内是有一定资源的，与我们合作过的个人也很多，因此节目需要的时候我们会直接联系这些人，谈一下工作的时间和工作的内容。如果他们的档期不合适的话，则会请他们推荐一下其他的人。”（2020031202YSFX影视制作公司管理人员）

“我们公司是做影视娱乐节目后期制作的，会承接很多制片公司的项目，负责项目的后期制作。我们会与企业外部的剪辑人员合作，前期剪辑人员通过互联网招聘平台、熟人介绍、朋友圈等渠道获得，后期剪辑人员因为对技术要求比较高，所以会通过熟人介绍方式获得。我们会根据项目组的要求派前期剪辑人员进入项目组配合导演完成前期剪辑工作，后期剪辑人员也是根据项目组的要求前往具体确定的工作地点。这些合作者在项目组当中均会代表我们公司参与工作，项目结束后我们向他们支付项目费

用。”（2020030403SJB影视后期制作公司项目经理）

5.3.2 人人都是“个体户”

在影视文娱行业，影视娱乐节目从制作到发行的所有流程均可被拆解为独立的业务，每项业务也可以被分解为多项独立的工作，这为企业通过社会化用工完成各项工作提供了可行性。造成这种行业现状的原因，一方面为行业内体制改革、资本运作的影响，另一方面为技术进步为工作的分解提供了技术支持。因此，行业内涌现了大量以某种技能为生的“个体户”，他们依靠这种技能独立承接行业内企业发包的工作任务，按要求交付工作成果。他们凭借与各个公司的合作经历和工作成果树立个人品牌，因为个人的工作经历和作品是发包企业审核其资质的要件。因此，他们会积极努力地完成承包的工作，在积攒个人品牌信誉的同时，不断通过项目合作积累自己的人际关系和工作经验，确保工作的持续性和收入的稳定性。

“我们这个行当催生了很多的技术零工。这些零工以某项技能为主，承接各个公司分包出来的业务。对我们企业而言，有项目制作的时候，我们会按照导演的要求找他们需要的工种，比如司机、场务、灯光、录音。我们会找到从事这些工作的人，问他们有没有时间，有时间的话，我们就把他们拉出来做成一个团队，在节目制作片场安排任务，确定工作时间、地点，验收结果就可以了。对于这些零工而言，他们的技术水平和在行业内的从业经历是他们在行业内报价、选择合作企业的条件。比如，好一点的摄像老师或者技术人员肯定去预算高的地方；你用的这些技术老师就算是差的，他干一两年之后，技术水平也上去了，如果你以后还是给这个价格，他肯定不来这边了。像我做这行十五年了，说实话我手里面用过的好的摄像师、灯光师、录音师已经连续换了三波，他们很多自己出去单干当老板了。另外，我们圈子说大不大说小不小，大家都是介绍来介绍去的，比如说我要找摄像师拍作品，肯定找我以前一直用的摄像师，先从靠谱的里面找，问他们有没有时间。对他们的审核一般是看过去的作品、工作经历和工作年限。比如，演员会根据导演的要求参加面试，最后他决定录用哪一个演员。对于灯光、摄像这些技术工作的人，我们都是看年限，比如说摄像师，我这边最起码要求有三年的工作经验，至少各位主摄要有三年的工作经验才靠谱。录音师的话至少要有一年的工作经验；对灯光师的要求更高，一般找老师傅，因为这是艺术性非常高的一项工作。他们都是熟手，所以请来就用，也不需要培训。”（2020031202YSFX影视制作公司管理人员）

5.3.3 严管控和弱保障的经纪制度

艺人是整个影视文娱行业工业化发展的重要组成部分，也是影视娱乐作品最终的表现者。影视娱乐作品的质量不仅取决于整个项目组全产业链企业和“个体户”的通力合作，而且取决于对艺人的选择和艺人的演绎，这催生出了艺人经纪这一细分行业。

在艺人经纪行业，艺人公司、艺人经纪人与艺人之间存在四种管理模式。一是“保姆式”管理的家庭作坊模式。在这种模式下，经纪人和艺人之间关系紧密，经纪人对艺人全方位地投入，全面照顾艺人的演艺工作、生活起居以及个人感情等。二是“佃农式”管理的三位一体模式。经纪公司采用制片人、经纪人和经理人三位一体的模式，对影视制作全产业链实施强控制，艺人成为经纪公司的“佃农”，在经纪公司的安排下工作，缺乏自主选择权。三是利益“捆绑式”的合伙人模式。在这种模式下，经纪公司会为艺人提供相应的影视资源，艺人有权接受或拒绝，与此同时艺人经纪人可以灵活地安排艺人参加的商演和自己联系的演艺活动。此外，经纪公司对艺人开放持股，将艺人的个人利益与企业的利益捆绑在一起，减少人力资本存量高的艺人在经纪合同期满后离开公司所造成的各种资源的流失。四是艺人工作室模式。人力资本存量高的艺人对自己的职业发展道路拥有较强的发言权和决策权，往往会脱离经纪公司建立自己的个人工作室，组建商务、宣传、粉丝经济和衍生品等部门，搭建自己的经纪人团队，不同的部门有不同的经纪人，减少对单一经纪人的依赖[①]。

“我们是一家艺人经纪公司，签了几十名艺人。艺人由艺人经纪人安排工作，比如接拍商业广告、影视剧作以及综艺通告等。我们的艺人经纪人有两种类型：一种是与我们签订合同的经纪人。公司、艺人经纪人以及艺人之间按照艺人所接的通告费按比例分成。另一种是合作经纪人。他们有一定的商业资源，需要艺人时会与公司对接，我们会协调艺人的工作时间。合作完成之后，我们会将之前谈好的费用一次性支付合作经纪人，这笔费用相当于居间费。第一类艺人经纪人在我们公司占比较大。因为他们与艺人之间存在利益关系，所以他们会极力帮助艺人打造IP[②]，拓宽戏路、商业合作领域。我们公司因为是小公司，所以没有条件为每个艺人都配备化妆造型师，但是我们会为每个签约艺人提供后勤保障，并有专门的团队为每个艺人定制经营发展路线。”（2020030203YMJR艺人经纪公司管理人员）

艺人经纪公司通过上述四种模式和经纪合同将艺人与艺人经纪人整合在各种影视娱乐项目之中并完成项目组的任务。艺人、艺人经纪人和经纪公司是在经纪合同关系之下通力合作的，三者的目标均是将艺人“捧红”。为此，经纪公司、艺人经纪人以及艺人之间保持着松散的强管控关系：“松散”是因为各个主体之间是平等的民事合同关系，合作因项目而启动，以任务完成而终结，艺人也可以自由选择经纪公司和经纪公司安排的通告；“强管控”在于艺人一旦与经纪公司建立经纪合同关系，不仅要服从经纪公司的工作安排，还要服从经纪公司对于艺人职业发展、人设打造甚至情感生活方面的指导。艺人虽然可以拒绝通告，但出于对未来职业发

① 中传门童．国内艺人经纪的四种模式［EB/OL］．（2019-09-30）［2022-12-18］．https：//mp.weixin.qq.com/s/BZcEWXiqq1ojSi4RqCE1mg.

② IP，是intellectual property的缩写，可直译为“知识产权”，特指具有长期生命力和商业价值的人物、产品或者品牌。

展需要的考虑，一般都会接受公司的安排，特别是艺人尚处于成长期的时候。当然，艺人与经纪公司之间的关系会随着艺人人力资本存量的变化而不同。当艺人的人力资本存量较高的时候，公司会采取与其合伙的方式将公司利益与个人利益绑定；当艺人的人力资本存量很高的时候，他们会选择自立门户，以更加平等的身份与经纪公司合作，或者跳过经纪公司直接与广告商、项目组建立合作关系。

“我们对艺人的管理还是比较严格的。签经纪合同的时候我们会向他们明确表示，有哪些是必须服从公司管理的，哪些是不能自己做的，这些要求都会列入合同里面。管理的话，一个就是他们的言论和行为举止。比如说他们日常的话语权。他们不能在社交媒体上随便去说一些东西，我们对他们的言论是有规定的。另一个是他们日常生活的各个方面。从日常生活到线下出席活动，还有很小的细节，包括生活工作的方方面面，我们都会管理的。”（2020030604YBYJ经纪公司总经理）

5.4 短视频和直播板块中社会化用工的特点

从2013年快手App上线至今，影视文娱行业中的短视频和直播板块经历了从兴起到迅速繁荣的阶段，改变了人们的沟通交流甚至购物方式。以抖音、快手等为代表的头部短视频平台的主营业务经历了从短视频到直播、从广告到带货的发展历程；与此同时，平台活跃用户数也发生了量级的变化。快手2017年9月的活跃用户数为1.83亿，2019年9月的活跃用户数达到2.4亿①，抖音2017年9月的活跃用户数为1 847万，2020年1月的活跃用户数突破了4亿②。短视频平台上的用户既是互联网短视频技术的

① 数据来源：艾媒咨询．艾瑞报告2019中国短视频创新趋势专题研究报告［R］．广州：艾媒咨询，2019.

② 数据来源：抖音．2019年抖音数据报告［R］．北京：抖音，2020.

消费者，又是短视频内容的创作者和生产者，并因此而获得相应的收益。很多“网红”一夜成名和暴富，为普通大众编织了一个个“致富神话”。短视频和直播平台的迅速崛起和蓬勃发展催生了两种新的职业：主播和达人。主播这种职业是相对于直播而言，达人主要指粉丝达到一定量级的短视频内容创作者。“网红”则是对成名之后的主播或达人的一种称谓，类似于明星。

短视频和直播平台的核心业务为短视频内容制作。与传统的影视娱乐节目制作公司不同，平台将核心业务众包给了其他组织或自然人。平台是如何通过社会化用工有效整合主播和达人，并提高其内容制作的质量和数量的？通过对短视频和直播平台、公会、MCN机构以及主播或达人的深度访谈，我们发现短视频和直播平台的社会化用工呈现出以中介机构输送为主、众包为辅，逐级管控和算法管理并存，散养式发展和倾斜性培养并存的特点。

5.4.1 以中介机构输送为主、众包为辅的社会化用工模式

短视频和直播板块的主体主要包括短视频和直播平台、公会、MCN机构、星探公司、主播、达人等。主播和达人可以直接在平台上注册成为平台用户发布内容，但他们如果想走职业化路径，就一定要加入公会或者MCN机构。

“2016年的时候，主播或者达人在直播平台上靠自己火的概率还是比较大的，但是后面的话，如果想一直火，肯定要靠机构了，不能完全自己‘野生’了。主播或者达人需要加入机构的原因在于机构会给相应的政策支持，比如能给我们上热门，能给我们增流量，合作好的话还能给我们好好包装，推广我们。”（2020050201多平台带货女主播）

“主播或者达人想红比较难，99%的人都要靠机构，你知道的网红都是机构推出来的。现在有明确的公会、MCN机构这些形式，但是早几年没有这些形式，很多人都是幕后机构推出来的，只是你不知道，他们也没

有形成固定的模式。红这个事很少有靠自己能力或者天赋成功的，比如李××的红就是完全靠公司或者机构推起来的。”（2020050401MCN机构运营管理人员）

根据访谈材料我们可以知道，主播或者达人要想有职业方面的进一步发展，比如上面提到的“红”，就要加入公会或者MCN机构。在短视频和直播板块，公会和MCN机构属于主播或达人的经纪公司，二者在建立之初的侧重点不同，但是现在有逐渐融合的趋势。公会是主播的经纪公司，MCN机构是短视频达人的经纪公司，由于现在平台均会开展短视频和直播业务，因此这两种机构在业务方面逐渐彼此渗透、相互融合。主播或达人加入机构的原因在于机构能提供资金、流量、政策方面的支持。

虽然平台可以通过众包模式吸纳主播或达人，但平台更愿意与机构合作，通过机构来整合主播和达人，主要原因为：一是节约成本、分散风险。平台与机构合作，一方面可以让机构为平台稳定地提供主播和达人，并向平台导流与主播和达人建立黏性的粉丝，为平台节约招募、营销等的费用；另一方面将管理权限下放，可以节约平台的管理成本。二是追求利润最大化。平台一方面通过向机构转嫁风险和成本提高了运营效率，另一方面通过机构对主播和达人的管理，特别是内容制作方面的管理，提高了内容的质量，从而进一步提高平台的绩效和利润。三是提升内容制作、网红经济运营的专业度。平台不懂内容制作和网红经济运营，因此将专业的事情交由专业的机构来完成，平台负责搭建基础设施，设定游戏规则和算法，建立商业化闭环等，以让利的方式与机构合作，通过机构整合主播和达人入驻平台开播，并通过主播和达人吸纳更多的用户。从平台的角度来说，与机构合作使平台的发展更有保障，因为平台如果采用众包模式则无法控制内容的质量和数量，也无法控制主播和达人与平台的黏性，而与机构合作可以帮助平台解决内容和人员不确定的问题，提高短视频制作的数量和质量。

“作为直播平台，刚开始我们的产品逻辑就是做移动互联网直播平台，就像WX是聊天软件一样，我们想做一个直播和短视频软件，然后通过广告等方式盈利。但是，随着用户数量的增多，我们的经营理念也会发生变化。我们需要第三方机构帮助我们拓展市场，帮助我们管理用工，无论是公会还是MCN机构，平台都会与它们合作。一方面，它们的出现回应了专业化的需求。因为平台上用户的规模不断扩张，而平台的服务器的承载量是一定的，所以流量就变成了稀缺资源。用户发布的内容的质量成为吸引流量的重要因素，而个人的能力毕竟有限，所以用户对第三方机构有需求。另一方面，国家对直播、短视频内容的规制导致我们需要第三方机构对用户进行管理。这些机构虽然能帮助我们提高效率，但也会导致平台与用户之间存在断层。从现阶段来看，我们平台并不掌握达人或者主播资源，这就会导致我们对直播或者短视频内容失去控制，所以平台也开始成立部门专门直签一些有发展前景的主播或达人进行培养。”（20200426直播平台运营部门管理人员）

因此，在数字经济背景下，开创众包模式的平台更愿意通过中介机构与劳动者建立合作关系，以控制内容和人员的不稳定性和不确定性。从实践的层面来看，平台会给机构更多的政策支持，比如流量支持、广告位支持、排名支持以及相应的礼物和提款限额支持，以保持与机构的合作关系以及吸引主播和达人加入机构。

“现在平台通过流量来管理机构和散户。平台在一般情况下会限流，比如你视频刚发两三分钟平台就限流了，其他用户看不到你的视频。因为对于平台而言，流量过大会导致平台运载负荷高，运营成本增大，所以平台会限流，让流量关注到能帮它赚钱的账号。新账号想做起来很困难，所以个人想红越来越需要机构的支持。以前我们会出于兴趣来发短视频，但现在短视频的内容越来越精，想靠短视频或直播创业的人越来越多，有很多专业选手来玩，小玩家想做好的视频会很难，对于很多达人来说，与机构签约是一个比较好的选择。平台也需要机构来负责管理，一是缺乏专业度，也没有能力管理这么多达人。平台只擅长做平台，而不是做内容和艺人经纪，如果平台把这些都做了那很有可能做不好，因此它把利让给专业的机构，赚自己平台的钱就好，不可能把所有钱都挣了。”（2020050401MCN机构运营管理人员）

5.4.2 等级管理和算法管理并存

鉴于平台主要通过公会或MCN等中介机构来整合主播和达人，因此主播和达人要接受平台和机构的双重管理。此外，平台不仅会通过算法管理主播和艺人，而且会通过算法和内部的政策制度管理中介机构。

首先，平台直接通过算法管理在平台上注册的主播和达人。平台首先会告知主播和达人平台的内容制作规则，作品须经人工审核后播出。比如，不能骂人、说脏话，不能涉及政治话题、历史问题，不能喝酒抽烟。如果存在上述问题，就会被平台封号，封号时长根据违规程度不同从几分钟到几年不等。封号一般会在直播期间进行，这会影响顾客与主播的黏性。平台还会根据需要通过算法控制流量。平台不会将每天的流量均等地分给每个主播，而是分阶段在不同领域投放流量，比如新冠肺炎疫情期间，有关疫情的板块获得的流量支持比较多。除此之外，平台还会根据主播或达人的粉丝数量、作品质量以及日流水（营业额）等因素提供推荐位，推荐位意味着更多的曝光机会和更多的流量等。

“我在平台上直播卖女装，但这一行为是不被HS平台允许的，被平台发现后会被封号，所以我在直播的时候只播放我的衣服，并在直播间不明显的地方标注我的微信账号，将直播间的流量导流到微信中交易。平台会在我们直播的时候巡场，如果发现我存在疑似卖货的行为，先会对我发出警告。同一事项如果发生三次，平台就会对我进行封号。封号的惩罚力度根据封号的时长不同有所区别。惩罚最轻的为封号几分钟，最严重的为永久性封号。即使是最轻的封号行为，对我的影响也是极大的，因为在直播过程中被封号意味着流量的瞬间消失，这将会影响我近几天的收入情况。”（2020032501平台上卖衣服的女主播）

其次，平台会根据算法及内部的政策制度管理中介机构。平台会根据机构的成立时间、实力、硬件、达人数量、机构粉丝总量、账号数量及质量、品类榜单排名等因素对机构进行排名，确定机构的梯度和等级。机构的等级不同，与平台的分成比例不同（一般平台和机构对于打赏的分成比例是五五分），享有的权利也不同。这些权利包括“小黑屋捞片子”（比如达人发了一条带有商业广告的短视频，平台将其账号封锁，机构可以帮忙申诉）、定向给机构发任务，提供流量扶持、平台下一步对内容扶持方面的消息、网红的排名加分、商业活动等内容。这些算法或者政策制度方面的扶持会导致平台合作机构内部产生明确的等级划分，以及等级越高的机构发展越壮大。

“平台与公会签合作协议，平台会对公会开通特权，比如粉丝会员资质、刷粉丝的特权、粉丝购买的特定道具等；公会根据规模、资质、财力、网红个数和流量确定与平台的分成比例。”（2020032001MS公会管理者）

最后，机构对全职和兼职主播或达人的态度与管理方式具有差异性。机构与主播或者达人签订艺人经纪合同，双方之间按比例对打赏或者商业广告的收入分成。分成比例依据主播或达人的粉丝数量、质量以及日流水状况而有所不同。

网红和中介机构的关系类似于艺人与经纪公司的关系。星探机构发现和挖掘主播或达人，并向中介机构推送，中介机构会根据主播或达人的可塑性、潜力、颜值、才艺、口才等选择是否与其签订经纪合同，并向星探公司支付相应的费用，价格从几千元至几万元不等。中介机构对签订全职合同的主播或达人的限制比较多，比如每天固定工作时长为6～8小时或制作一定数量的短视频。在直播或者短视频制作过程中，机构工作人员会巡场监督其工作质量、行为举止，是否与粉丝存在冲突。如果主播或达人在内容制作过程中存在违规行为，则会受到相应的惩罚，比如情绪不好时要求下播，会扣提成；做出出格行为，会被平台通报或禁播。做得好的主播或达人，中介机构会投入资源对其包装、培训，看人气决定是否上位。如果商家找到网红拍广告，需要先与机构洽谈，比如确定时间、广告内容、费用等，广告投放之后，机构会按比例给网红支付相应的广告费用。

“新进的全职主播保底工资3 000元，上不封顶（根据流量和粉丝数），另加提成。已经红了的主播不在意保底工资，她们更在意打赏和广告收入。公会主要是管理直播内容，打造人设，培训话术，包装艺人，提升质量。”（2020032001MS公会管理者）

机构对兼职主播或达人没有日工作时限和工作量的要求，月播放时长或数量达标即可，唯一的管理要求为不能有伤害公会利益的行为。另外，兼职主播或达人如果需要机构包装则要交费用，比如上热门等需要付费几百元。

5.4.3 散养式发展和倾斜性培养并存

中介机构在吸纳和管理主播和达人时存在散养式发展和倾斜性培养并存的情况。散养式发展指中介机构在签约达人和主播时秉承“广撒网”的理念，因为直播和短视频行业的不确定性大，“谁也不知道下一个火的会是谁”，所以“广撒网”签订艺人经纪合同是降低不确定性的主要方法，“万一红了呢？”主播或达人签约后，机构会提供基础的扶持政策，比如流量支持、互动打赏、广告位推荐等，但是持续时间不会太长，之后是否能红全凭个人自由发展。在签约主播自由发展期间，机构会评估主播的直播表现、镜头中的归属感、表达方式、与观众是否有距离感、能否带货等维度。当机构认为主播或达人可以培养时，会予以重点培养，比如流量倾斜、直播或短视频内容制作扶持等。此外，机构也会帮主播或达人打造人设，为其承接演艺广告、培训包装等。

“我们公司有两类主播。一类是全职主播，与我们签订全职的经纪代理合同。全职主播每天的在线直播时间为8小时，每周可以停播一天。他们的收入由底薪加打赏分成构成。我们会免费为他们提供流量、广告位、宣传等服务，也会对他们的直播场所、直播内容、说话方式、语速以及人设等方面提出要求。另一类是兼职主播，我们对他们的管理比较松散，对他们的直播时间、频率等没有要求。当然，他们的收入只有打赏的分成。我们会为他们提供少量的流量、打赏等服务。如果兼职主播需要公司进一步做宣传推广，则需要向公司购买服务。由于签订的合同不同，主播资质不同，我们对主播的投入力度也不同。当遇到发展潜力巨大的主播时，我们会集中人、财、物对他进行打造。”（2020032001MS公会管理者）

“我现在是个人达人，没有再签公司了，但是未来想与机构签全职合同，因为就算是签公司，公司也不可能一开始就对我们大力包装，双方都在试探，公司的意思是，你们先发短视频，但是我发了短视频就需要粉丝维护，维护是需要成本的，也就是要给粉丝送礼物、发抽奖红包什么的。我想签全职合同是因为全职是有保底工资的吧，这样对于公司来说签我这个人是有成本的，所以它会比较认真地在精力和财力上给我们进行孵化投入。如果都是兼职的话，公司没有成本，等于让这个韭菜自己长起来，等哪个长长了割哪个就行了，所以培养不是特别到位，浪费了大家的热情。对于我们达人而言拍摄剪辑比较麻烦，有人指导你拍和没人指导你拍，状态是不一样的。所以，我想签全职，要让企业给我保底工资，给我提供拍摄导演、剪辑、招商这些服务。虽然全职会失去自由，但是这很正常，失去眼前的自由是为了做起来之后有更大的品牌溢价权。我接一个活动的话，价格可以要得更高，这个东西也是做得更好更值钱，所以是长久的一个自由。”（2020050201 多平台带货女主播）

第6章
金融行业中的社会化用工

社会化用工在金融行业中的运用频率及适用范围小于影视娱乐行业。金融行业中的企业在运用社会化用工模式时，呈现出弹性和黏性共存、弱过程管理与强结果考核并存以及因“材”施“方法”等特点。

6.1　金融行业的研究方法

我们通过线上视频通话的方式，对金融行业的11家企业的管理人员开展了半结构式深度访谈，重点考察其所在企业采用社会化用工的原因、用工模式、用工岗位、用工渠道、用工管理等内容。每次访谈大约为1.5小时。出于对访谈信度和效度的考虑，我们在对企业管理人员进行深度访谈的同时，向该企业的人力资源部门的工作人员发放了调查问卷，回收有效问卷11份。

根据访谈和问卷调查的结果，本章涉及的采用社会化用工的金融企业具备一定的行业代表性。从细分的子行业来看，被调查的11家企业涉及银行、保险、证券、普惠金融等多个金融领域。从企业类型来看，被调查企业主要以民营企业为主，共计10家，还包括1家外资金融机构。从企业规模来看，被调查的11家企业覆盖面广泛，包括4家大型企业、2家中型企业、5家小型企业。总体来说，这11家被访企业能够很好地反映出金融行业社会化用工的现状。

6.2　金融行业的社会化用工现状

金融行业的社会化用工现象较为普遍。金融行业内的企业主要出于降低企业成本、应对临时的用工需求等原因选择社会化用工，用工岗位主要涉及专业技术岗位和辅助性岗位，用工模式有多种。如图6-1所示，在被调查的11家样本企业中，有5家企业选择1种用工模式，而剩下的6家同时采用2种及以上的用工模式。

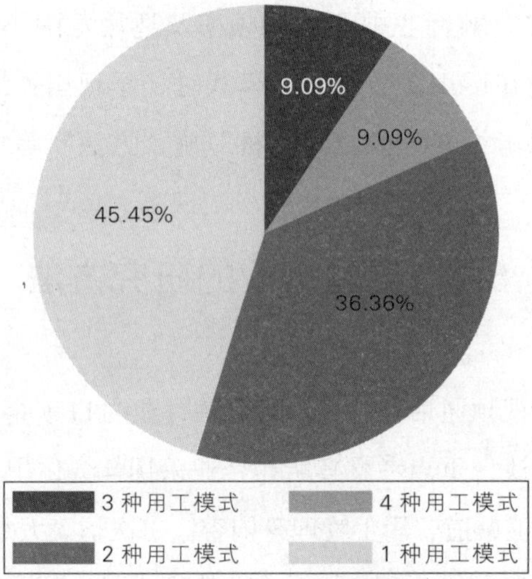

图6-1　金融行业样本企业采用多种社会化用工模式的情况

具体到某种用工模式，我们从图6-2中不难发现，相比于劳务派遣模式，金融企业更倾向采用业务外包模式。而在业务外包模式下，有8家企业选择直接将业务发包给自然人。这说明金融行业的市场化程度较高，独立承包商较多且专业性较强。有6家企业选择将业务发包给具有独立法人资质的组织，而且该组织的员工不在金融企业的工作场所工作。这说明该行业内的工作是允许人与组织在时间和空间方面相分离的。最后，在被调查的11家企业中，仍有3家企业选择劳务派遣模式。金融企业选择劳务派遣模式或者将业务发包给具有独立法人资质的组织，在很大程度上是因为这类企业对合规性和专业性的要求较高。

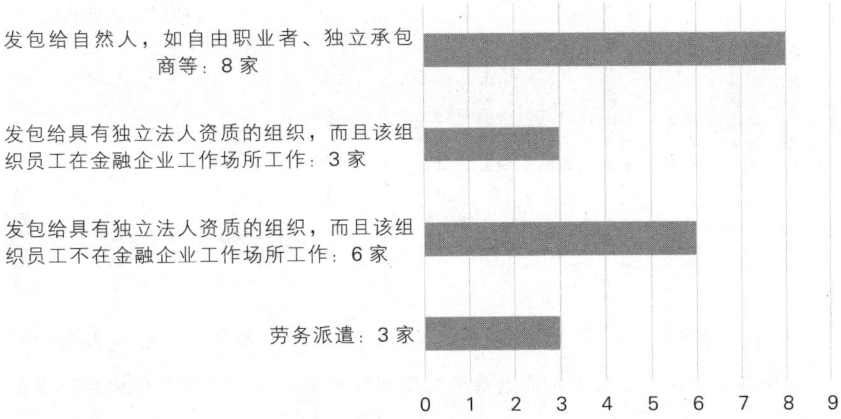

图6–2　金融行业样本企业采用不同社会化用工模式的情况

图6–3显示了金融企业选择劳务派遣和业务外包模式的原因以及所需劳动者类型。从原因来看，企业是选择劳务派遣模式还是业务外包模式，在原因关注点上没有差异，而是综合考虑多种因素的结果。这是由于金融企业社会化用工所需的劳动者既有专业技术人员，又有辅助人员，用工原因具有多样性，企业的考虑也更全面。

在上述用工模式所需的劳动者类型方面，金融企业采用劳务派遣模式和业务外包模式则有较大不同。针对辅助性岗位劳动者，企业更倾向业务外包模式。在被调查的11家企业中，有8家企业选择业务外包模式寻找基层劳动人员，只有2家企业选择业务外包模式寻找项目管理人员和专业技术人员。综上，金融企业倾向于通过业务外包或劳务派遣等用工模式将非核心业务和非核心岗位交给外部劳动力市场中的个人或组织，以降低企业成本。

在社会化用工渠道的选择上，如图6–4所示，被调查的11家金融企业偏好选择互联网平台招聘、熟人介绍、外包公司以及企业网站和公众号招揽等4种渠道，而很少使用人力资源公司和其他渠道。

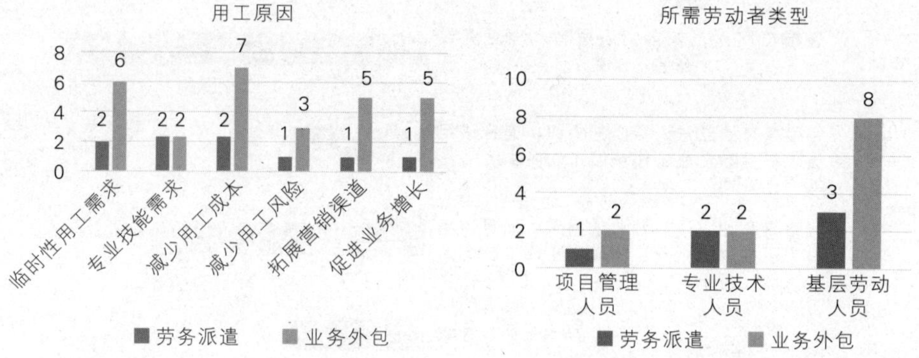

图6-3 金融行业样本企业选择劳务派遣和业务外包的原因和所需劳动者类型

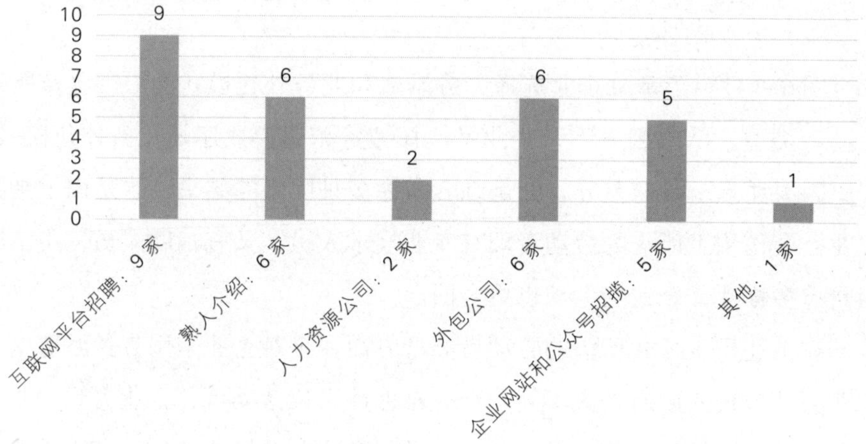

图6-4 金融行业样本企业社会化用工渠道选择情况

6.3 金融行业的社会化用工的特点

在金融行业，企业对非核心业务和核心业务均有采用社会化用工模式的情况。通过对11家金融企业访谈资料的整理和分析，我们发现，金融行业的社会化用工呈现出弹性和黏性共存、弱过程管理与强结果考核并存以及因“材”施“方法”的特点。

6.3.1 弹性与黏性共存

在被调查的11家金融企业中，其社会化用工岗位或工作既涉及非核心业务（如金融企业的行政服务、技术支持、营销策划），也涉及核心业务（如证券公司的业务合伙人、保险公司的保险代理人）。因此，整个行业的社会化用工呈现出高弹性和高黏性的特点。对于非核心业务，企业出于对临时用工的需求和减少用工成本的需要而采用社会化用工模式；对于核心业务，企业出于获取顾客、信息、专业知识等资源的需要而采用社会化用工模式。

“我们的技术部门和财务部门都会使用项目外包人员。这些项目主要是阶段性的、非主营业务的专业类项目。比如，和设计相关的业务、IT的规划和咨询、财务系统的构建等项目。这些项目中的技术整体和具体环节都会外包。项目结束后，由人力资源部出面和供应商谈解聘事宜。项目外包的好处在于帮助我们应对突发性事件和任务，特别是短时间内需要完成的项目，当内部员工做不了或者无法快速补充员工时，我们会使用社会化用工人员。”（2020031502JY资产管理公司管理人员）

金融行业具有高风险性、高依赖性、垄断性等特点，因此金融企业的业务呈现出周期性、临时性、“投机”性等特点，特别是伴随着第五次技术革命的来临，金融工具和产品日益创新，新产品更迭的速度与日俱增。金融产品市场的弹性传导至生产领域后使金融行业辅助性工作岗位的用工需求呈现出高弹性的特点。

“我们这个行业存在高风险性和随机性，因此业务就会有周期性和临时性，比如2008年爆发金融危机的时候就是我们业务的淡季。当业务多的时候，我们的人手就出现短缺，所以就会通过业务外包、劳务派遣等方式找些人辅助我们完成这些业务。这些人员的工作不涉及核心岗位，他们主要从事简单的辅助性、重复性工作，需要劳动者认真细致去做。”

(2020022601TA保险公司部门负责人)

由于金融行业存在上述特点，信息、专业知识和技术是这一行业的稀缺资源，能够为行业内的企业带来巨大效益，因此掌握上述资源的人力资本在这一行业中属于“紧俏型”人才，他们可能受雇于某一行业头部机构，拥有广泛的人际关系和丰富的信息资源，也可能作为独立承包商凭借金融专业知识和技术服务于行业内的相关企业。因此，企业既需要通过社会化用工方式连接到这些人力资本，又需要通过与他们建立合作或者合伙关系保持高黏性，这样企业可以在需要的时候及时获取这些资源。

“我们一开始没有销售人员，就依托于渠道，因此我们要和集团其他公司合作共享渠道，比如让银行和其他保险公司的销售人员卖我们的产品。我的职责是让他们卖我们的产品。共享一个渠道卖不同的产品，相当于提高人员的使用效率，或者提高渠道的使用效率。”(2020022601TA保险公司部门负责人)

“保险产品的销售更在意客户与销售人员之间的信任关系，以及销售人员的人际关系。客户与销售人员之间的信任感，也可以无形地增加他们对公司产品的黏性。因此，与保险代理人合作可以给我们公司带来不同类型的消费者，同时提高保险产品的出单量。”(2020022601TA保险公司部门负责人)

“企业需要合作者。我们之间是战略合作的关系，大家资源互补。就高级公关人员而言，这部分群体人际关系资源丰富，可以为企业进行政策解读、市场联络，帮助企业处理与政府和市场相关的事宜。”(2020030503TK金融公司部门负责人)

6.3.2 弱过程管理与强结果考核并存

“弱过程管理”是金融行业社会化用工的普遍特点。一方面，企业对劳务派遣和业务外包的人员不存在或存在少量管理行为，主要的管理职责属于劳务派遣公司和业务外包公司。企业主要从工作内容、工作量和工作结果三个方面选择中介公司并对其进行考核。另一方面，企业通过业务外包等方式与劳动者建立合作或合伙关系时，不会对劳动者的工作过程进行管理。劳动者在工作时间、工作地点、工作强度等方面具有自主性。

“与劳务派遣公司或者其他公司合作时，我们公司对它们派来的工作人员不进行招聘、不筛查资质、不管理，只看最后的结果，结果不行就直接和公司谈，要求其换人或者确保任务能保质保量完成。”(2020022601TA保险公司部门负责人)

“我们对保险代理人基本不进行管理，他们的工作时间自由，自主性比较强，考核以结果为导向，保险订单谈成了他们有钱赚，我们的产品也得到了销售。我们对他们唯一进行的管理就是要求他们参加例会，但召开例会是为了让他们学习产品知识，因为保险产品的迭代比较迅速，新产品会层出不穷，他们需要学习产品知识才能更好地服务客户。”(2020031101DJ保险公司总经理)

“强考核结果”是因为金融企业的业务易于量化考核，在社会化用工中，企业会着重考核劳动者的工作成果的数量和质量。这一点在证券和保险行业尤为明显，企业与保险代理人和销售代表签订代理合同，建立以业务量为核心指标的销售额分成体系。“强考核结果”在一定程度上体现了薪酬的公平性，提倡多劳多得，有助于企业的业务获得不断发展和突破。

“保险代理人就是一个多劳多得、少劳少得的职业。公司有考核月(6月和9月)，考核其出单情况和售后情况（投诉、递单资料），根据考核结果确定相应的级别和分成比例。”(2020032602HJJ保险公司销售负责人)

6.3.3 因“材”施“方法”

金融企业通过社会化用工主要获取三类劳动者：一是能够从事临时、简单、重复性工作的劳动者；二是能带来客户资源、促进产品销售的营销人员；三是能为企业带来专业知识、信息资源，具有公关能力的行业专家。企业针对不同的人力资本会采用不同的社会化用工模式。

首先，金融企业的业务具有临时性、不稳定性和周期性等特点，对于非核心业务和非核心岗位，企业通过劳务派遣和业务外包等模式获取外部劳动力。

“公司有一些常驻研发外包人员。他们主要从事技术研发业务，包括软件开发人员、测试人员和运维人员。这些员工的主要工作跟我们的互联网推广和普惠金融业务有关。”（2020031702HS资产投资公司管理人员）

“公司会定期请一些业务合作人员，就像插花师、心理专家这些。一般每3个月请一次，每次2～3人，每次主题不一样。具体事宜通过培训部对接，重点让他们给公司员工教授心理课程，进行团队拓展训练。”（2020032001YB保险公司负责人）

其次，对于能为企业带来客户资源、促进产品销售的营销人员，如保险代理人和产品经理，企业一般通过合作方式获得。代理人制度是保险公司为销售保险产品采用的主要制度。保险代理人与保险公司签订保险代理合同，并在银保监会[①]备案。为了让代理人准确掌握产品信息和销售技巧，更好地为顾客提供服务，保险公司一般会召开例会。双方根据销售的保险金额按比例分成。保险代理人像一个集各种保险产品信息于一身的“个体户”，能够根据顾客的需求精准地提供相应的保险产品。

---

① 2023年3月，中共中央、国务院印发了《党和国家机构改革方案》。根据方案，在中国银行保险监督管理委员会（简称银保监会）基础上组建国家金融监督管理总局，不再保留中国银行保险监督管理委员会。5月18日，国家金融监督管理总局正式揭牌。

另外，互联网平台一方面能为保险代理人提供丰富、多元的产品信息，为保险代理人增加顾客黏性提供技术支持；另一方面能为保险公司之间共享保险代理人、促进保险产品销售提供另外一种社会化用工模式。

“公司与保险代理人签订代理合同，时间不确定，长期合同的比例小，大部分人员只做2～3年。他们是公司的合作者，但有KPI考核，每天至少要见3个客人，每个季度至少要完成3万元的单量，按照业绩确定晋级或降级，级别越高，提成越多。具体来说，保险代理人一共包含5级：代理人（提成50%）、区域经理（提成20%）、总监（提成10%）、区域总监（提成10%）、公司总监（提成10%）。”（2020032001YB保险公司负责人）

“这个行业产品的销售全部依靠保险代理人，但是我们公司因为产品种类少，没有自己的保险代理人，而是通过与集团的其他保险公司和银行签订合作协议、共享销售渠道，从而通过其他公司的保险代理人销售我们的产品。”（2020022601PA保险公司渠道经理）

“我们也会通过保险师App让全国的保险代理人为我们销售产品。该软件专门为代理人设计，主要功能有：（1）帮助代理人通过微信朋友圈、微博等渠道推广保险产品，并能提供阅读反馈，以便代理人精准掌握客户行为，精准营销；（2）提供精品课程、专业知识培训（根据代理人的从业时间、感兴趣的主题、经营群体、学习动力提供）；（3）有全面的产品信息，可以进行产品比较，一方面提升代理人对产品的熟悉度，为代理人给客户出产品方案提供帮助，另一方面促使代理人为客户提供全面的保险产品储备；（4）在线交易，线上出单方便、快捷，佣金、奖励高。”（2020022601TA保险公司部门负责人）

最后，金融行业的特性导致在复杂的环境下，企业需要借助社会化用工模式与行业内的高级顾问和专家建立合作或合伙关系，从而获得所需的信息、专业知识以及人际关系资源。

“我们公司利用社会化用工的形式邀请10多位高级顾问帮助公司制定

策略。他们都是高级别的顾问，比如说华尔街金融顾问或者高级金融顾问，能为我们带来金融方面的知识和信息。这些高级顾问被集中安排在战略部和业务部，他们从事专业方面的咨询、模型分析和金融市场预测。”（2020031502HS资产管理公司营销部门负责人）

第7章 房地产行业中的社会化用工

房地产行业的用工模式以标准雇佣为主、社会化用工为辅。企业采用社会化用工的岗位集中于专业技术岗位和辅助性岗位。企业通过中介机构连接劳动者的现象较为普遍。企业选择社会化用工的主要原因在于应对临时性用工需求和节约成本。房地产行业的社会化用工呈现出以标准雇佣为主、社会化用工为辅，以销售岗位为主、辅助性岗位为辅，以中小企业为主、国有大型企业为辅的行业特点。

7.1 房地产行业的研究方法

我们围绕企业采用社会化用工的原因、用工模式、用工岗位、用工渠道、用工管理等内容对房地产行业中的11家企业的管理人员开展了半结构式深度访谈，每次访谈大约为1.5小时。出于对访谈信度和效度的考虑，我们在对企业管理人员进行深度访谈的同时，向该企业的人力资源部门的工作人员发放了调查问卷，回收有效问卷10份。

被访谈的企业具有多样性：按主营业务划分，有房地产开发商、物业公司、家装公司、中介服务公司（包括营销策划代理公司、房产经纪公司等）等；按企业规模划分，有大型企业3家、中型企业2家、小微型企业6家；按企业性质划分，有民营企业和国有企业。虽然被访企业未包括外资企业，但基于本章的研究内容、行业内外资企业占比、外资企业的合规性要求以及被访企业样本的可获得性等多方面因素考虑，缺失外资企业样本并不会对所收集资料的丰富性和多样性造成大的影响。因此，这11家被访企业既能反映出房地产行业社会化用工的现状，也能反映整个行业中的人力资本是如何被企业整合起来的。

7.2 房地产行业的社会化用工现状

房地产行业的社会化用工现象比较普遍，而且企业通过中介机构连接劳动者的情况较多（如图7-1所示），社会化用工岗位主要涉及专业技术岗位和辅助性岗位（如图7-2所示）。企业选择社会化用工的主要原因是应对临时性用工需求和节约成本（如图7-3所示）。

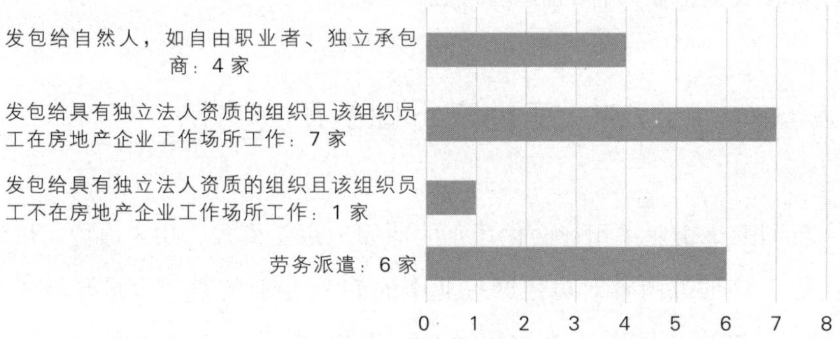

图7-1 房地产行业样本企业采用不同社会化用工模式的情况

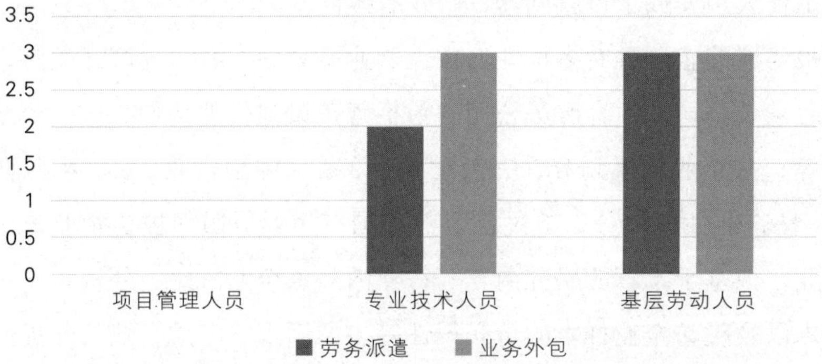

图7-2 房地产行业样本企业采用劳务派遣和业务外包模式所需劳动者类型

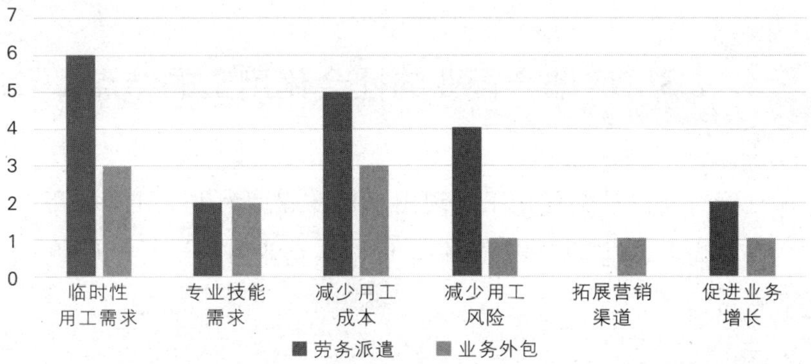

图7-3　房地产行业样本企业选择劳务派遣和业务外包模式的原因

房地产行业企业倾向选择将业务外包给具有独立法人资质的组织且该组织员工在企业工作场所工作的模式以及劳务派遣模式。一方面，这与房地产行业存在需要外部化的岗位或业务相关，大部分企业的社会化用工岗位仅涉及非核心业务或非核心岗位，从事这些工作或岗位的劳动者可能为专业技术人员，也可能为辅助性劳动者；另一方面，房地产行业相对于其他行业而言属于重资产行业，为了合法合规地解决临时性用工需求和减少用工成本，企业倾向于通过业务外包和劳务派遣模式连接外部人力资本，因为中介机构可以在短期内提供大量的劳动力或者完成外包业务。

图7-4显示，在社会化用工渠道的选择上，被调查的样本企业倾向于选择互联网平台和中介机构（人力资源公司或外包公司）。

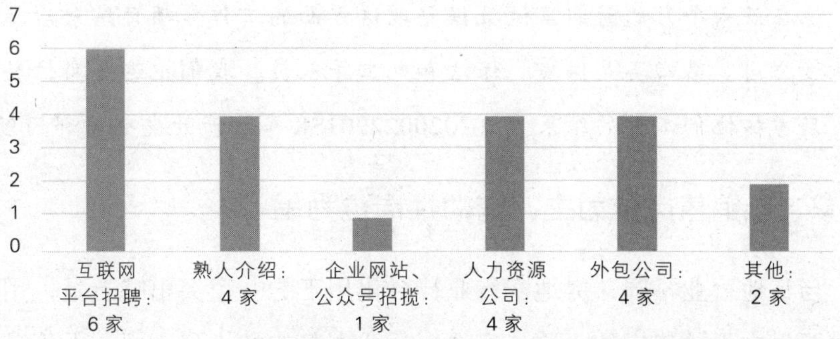

图7-4　房地产行业样本企业社会化用工渠道的选择情况

7.3 房地产行业的社会化用工的特点

房地产行业的社会化用工呈现出以标准雇佣为主、社会化用工为辅，以销售岗位为主、辅助性岗位为辅，以中小企业为主、国有大型企业为辅的行业特点。

7.3.1 以标准雇佣为主、社会化用工为辅

在房地产行业，大部分企业特别是产业链的上游企业的主要用工模式是标准雇佣，即与劳动者建立劳动合同关系。比如，我们访谈的房地产开发企业，95%以上的岗位采用标准雇佣模式，其他岗位则采用社会化用工模式。主要原因：一是应对行业内销售旺季的订单需求；二是将辅助性工作岗位整体外包，通过市场交易完成，如将保安、保洁等岗位外包，既可以降低成本，又可以“集中力量发展核心业务”。

“我们公司属于国企，用工模式分为四类：第一类是固定编制用工，像我们这样有编制的人直接跟公司签无固定期限劳动合同，基本上企业不倒闭我们可以在这里做一辈子。第二类是合同工，他们签的劳动合同有固定期限，到期后双方都能再次选择。第三类是临时工，比如我们在某地区的楼盘开发项目需要一个数据整理员，就会让劳务派遣公司给我们找一个，他在五六个月的时间里做数据整理这方面的工作，项目结束后就回劳务派遣公司。第四类是保安、保洁和电工等人员，我们把这些岗位整体外包，只考核他们工作的结果。”（2020022701SK房地产开发公司部门经理）

7.3.2 以销售岗位为主、辅助性岗位为辅

与其他行业不同，房地产行业社会化用工的一个突出特点是，用工岗位主要集中于销售岗位，这与房地产行业本身的特点分不开。无论是楼盘

开发商，还是房屋装修企业，均会或多或少地将销售业务外部化，由企业外部的劳动者或组织机构完成。这样做一是可以减少企业的营销费用，二是可以低成本地获取渠道资源和顾客资源。另外，房地产行业的销售岗位又因劳动者从事的具体业务以及与顾客的熟悉程度不同而有很多具体的称谓，比如地产经纪人、“小蜜蜂”等。

“‘小蜜蜂’的任务主要是派发传单，吸引路人到楼盘看房，你让他带来一个高质量的客户并把客户谈下来不切合实际，因为他们只想做些简单的事情。我们会找些大学生来做电话营销，因为电话营销见不到客户，只能通过电话沟通，所以对沟通质量要求高一点。再专业一点的就是房产经纪人。经纪人根据专业度有所区分。好的经纪人带客户来看房根本不需要我们的销售人员讲解，从看房到签约自己全部搞定，他们属于优质的经纪人，提成比例会高一点。有的可能差一点，但也比较优秀，他们把客户带来销售中心，然后跟我们的销售人员配合，共同签下客户。还有就是那种刚入职、什么都不懂的‘小白’，这种经纪人帮不上忙，就完全靠我们的销售人员自己努力了。”（2020030601WL房产经纪公司地区负责人）

房地产行业企业对部分辅助性岗位，如保安、保洁等，也采用社会化用工模式。此外，企业根据业务需要，对文秘、图片设计等岗位也可能采用社会化用工模式。

“作为地产开发商，我们在营销岗位上使用的外部人员确实比较多，主要采用与中介机构合作或外包等方式。比如说，我们会在楼盘还没有开发完成时就建营销中心，里面有我们自己的销售员，但这样是不够的，我们也会和地产中介机构合作，用他们的渠道销售房屋，还会通过独立经纪人、公司的业主等个人销售房屋。他们销售成功后我们会按照销售额返佣。地产公司普遍使用这种方式，目的就是在降低营销成本的同时销售房屋。另外，企业在楼盘开盘或节假日时要举办一些营销活动，就会用到很多的辅助人员，比如礼仪、主持、乐队、模特、保安、站台布置以及发传单的‘小蜜蜂’等。”（2020030402HK产业投资公司部门管理人员）

7.3.3 以民营中小企业为主、国有大型企业为辅

房地产行业中，民营企业、中小企业采用社会化用工的频率较高，用工模式也比较多样。国有企业、大型企业或者上市公司采用社会化用工的频率不高，用工模式比较单一，通常只采用劳务派遣或业务外包的模式。

这种现象出现的原因主要有三个方面：一是房地产行业属于重资产行业，利润空间较大，大型企业、国有企业以及上市公司资金实力雄厚，与投资土地、房屋建造等大规模投资成本相比，人力成本占比很小，因此企业不需要通过社会化用工来节约用人成本。民营企业、中小企业则不同，由于资金有限等问题，它们更需要通过社会化用工获取外部资源、降低用工成本。二是这一行业的大型企业、国有企业和上市公司在劳动力市场中属于能够提供良好就业条件的雇主，一般不存在招聘不到合适人才的问题。民营企业和中小企业则不同，由于它们提供的劳动条件、福利待遇等在劳动力市场中无法与大型企业相比，因此需要通过社会化用工的方式获取高质量的人力资本。三是大型企业、国有企业和上市公司对财务、用工方面合规性的要求比较高，同时要履行企业社会责任，而民营企业和中小企业的首要任务是生存下来并发展下去，因此它们对于合规性的要求要低于大型企业。

“作为一家上市的国有企业，我们的用工首先要考虑合规性，比如我们花钱是要经得住审计的，所以我们不会把业务直接外包给个人做，因为没有发票，也经不起查，这里还会涉及廉政建设等问题。其次，国有企业不完全以营利为目的，不需要节约用工成本，所以当确定这个人是我们公司想要的人才时，我们会选择直接与他签劳动合同。最后，如果我们需要临时用辅助人员，则会和劳务公司合作，因为它们能在我们需要的时候及时提供，帮我们节约很多的招聘精力和成本。”（2020022701SK 房地产开发公司部门经理）

第8章
医疗健康行业中的社会化用工

在医疗健康行业，企业采用社会化用的原因主要为获取专业技能和拓展营销渠道。该行业的社会化用工岗位普遍涉及多点执业医生、医疗销售代表、护士、护工等岗位，并呈现出销售岗位和医生岗位并重、直销和分销并举以及社会化用工差异大的特点。

8.1 医疗健康行业的研究方法

鉴于医疗健康行业有一部分企业采用了社会化用工模式，我们利用线上视频通话的方式，对13家传统医疗健康企业和4家互联网医疗平台企业的管理人员开展了半结构式深度访谈，重点考察其所在企业采用社会化用工的原因、用工模式、用工岗位、用工渠道、用工管理等内容，每次访谈时长大约为1.5小时。

根据访谈和问卷调查的结果，本研究涉及的采用社会化用工的传统医疗健康企业具备一定的行业代表性，能够很好地反映医疗健康行业社会化用工的现状。从细分行业来看，被调查的13家传统企业涉及医院、医美、体检、养老、制药、医疗器械、医药销售等多个医疗相关领域。从企业性质来看，被调查的传统企业以民营企业为主，共计11家，还包括1家国有医疗企业和1家外资医疗机构。从企业规模来看，被调查的13家传统企业覆盖面广、代表性强，包括6家大型企业、3家中型企业、4家小型企业。另外，对于医疗健康行业中的新兴领域——互联网医疗，我们的访谈对象包括4家互联网医疗平台企业和参与平台线上诊疗的医生。因此，这17家被访企业既能反映传统医疗健康行业社会化用工的现状，又能反映新兴的互联网医疗健康行业的社会化用工情况。

8.2 医疗健康行业的社会化用工现状

在医疗健康行业，除管理岗位外，社会化用工基本覆盖了专业技术岗位和辅助性岗位。其中，辅助性岗位采用社会化用工的数量最大、频率最高。企业主要出于拓展营销渠道和获取专业技能两方面的原因选择社会化用工。

针对社会化用工模式，被访的17家企业均同时采用多种社会化用工模式。从图8-1可以看出，相比于劳务派遣，企业采用业务外包模式的情况更为普遍。在业务外包模式下，有8家企业选择直接将业务发包给自然人。图8-2显示了被访企业选择业务外包和劳务派遣的原因和所需劳动者类型。

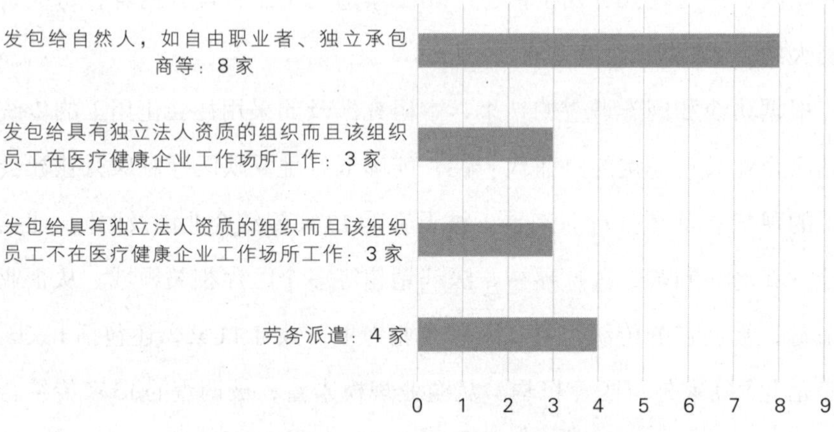

图8-1 医疗健康行业样本企业采用不同社会化用工模式的情况

针对劳务派遣和业务外包两种不同的用工模式，企业的考量完全不同。拓展营销渠道、满足专业技能需求和促进业务增长是企业选择业务外包的主要动因。

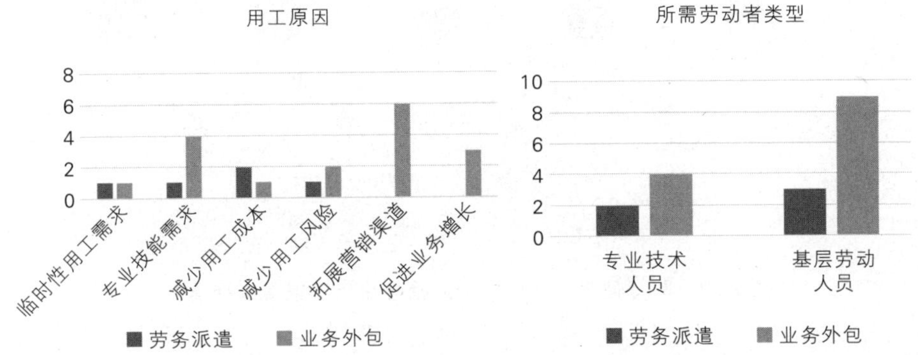

图8-2　医疗健康行业样本企业选择劳务派遣和业务外包的原因和所需劳动者类型

为了实现上述目标，企业主要通过业务外包的方式招募销售代表。反观劳务派遣，在被调查企业中的运用并不多，主要集中在大型医药企业。在劳务派遣和业务外包模式中，企业所需的劳动者类型具有一致性。具体表现为，用工岗位不涉及企业的管理岗位，而是以辅助性岗位劳动者以及专业技术岗位劳动者为主。这两者之间，又以对基层劳动人员的需求最大。这在很大程度上是由于医疗健康行业的业务具有很强的专业性，企业也面临较大的风险和压力，企业将核心业务内部化是减少风险、促进专业化和规范化的必然要求。

在社会化用工渠道的选择上，如图8-3所示，被调查的17家企业偏好选择互联网平台招聘、熟人介绍、外包公司等三种渠道，而很少使用人力资源公司，这与企业选择的用工模式相关。

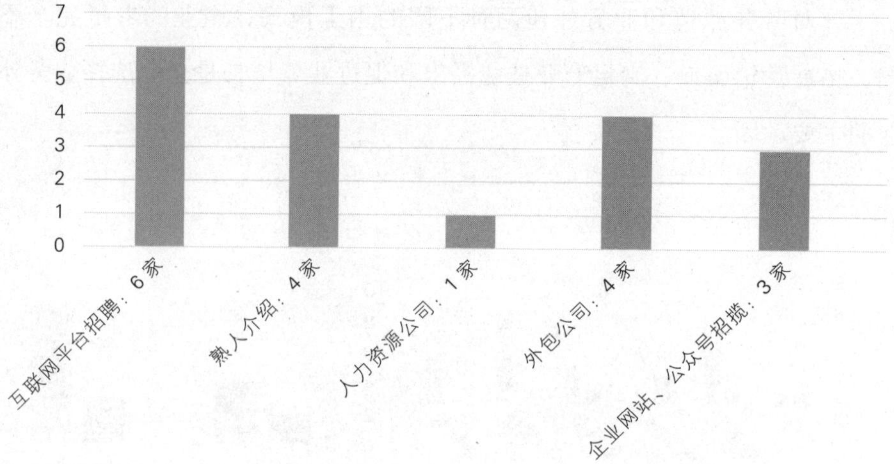

图8-3　医疗健康行业样本企业社会化用工渠道选择情况

8.3　医疗健康行业的社会化用工的特点

在医疗健康行业，社会化用工模式广泛涉及多点执业医生、医疗销售代表、护士、护工等岗位，并呈现出销售岗位和医生岗位并重、直销和分销并举以及社会化用工差异大的特点。

8.3.1　销售岗位和医生岗位并重

医疗健康行业的社会化用工岗位主要集中于销售岗位和医生岗位。这意味着企业需要通过社会化用工获取外部资源。因此，行业内的企业，特别是中小企业往往通过社会化用工获取企业外部的顾客资源、人际关系资源和信息资源等，以提升企业的经营绩效。

“我们公司会在销售部门使用社会化用工人员帮助企业获取渠道资源，这些企业外部的销售人员能够联系到我们自己根本无法接触到的顾客。与企业建立劳动关系的销售代表和社会化用工人员的专业程度不同，自有销售人员要有医疗健康行业教育背景、专业知识、销售技巧等，企业会定期安排相关方面的培训，如产品知识、销售技巧，有时还会培训一些医学专业知识，而社会化用工人员只要有销售资源即可，重点在于人际关系和项目的快速推进。企业自有销售人员会与社会化用工人员配合完成项目。”（2020031601HNHN医疗器械销售部门管理人员）

医生，特别是人力资本存量很高的专家级别的医生，不仅具有丰富的专业知识和技能，还拥有广泛的人际关系资源。另外，医生这一岗位具有很强的“医院标签”，医生所在的医院能够成为医生专业度的背书。因此，企业通过社会化用工的方式连接医生、共享医生的人力资本是企业的最优选择。

“我们医院作为一家民营医美整形医院，拥有雇佣医生63人，但依然需要与公立医院某些科的专家合作，请他们来我们医院坐诊或者做手术，因为这些医生的专业技能确实很强，不是我们民营医院的大夫能比的。对于一般的整形项目，我们自雇的医生是可以独立完成的，但是有点难度的或者患者要求高的手术，就需要专家的支持了。与这些专家建立合作关系一方面能帮助我们医院弥补技术方面的短板，另一方面也能帮助我们吸引更多的患者。”（2020031301SY医疗美容医院部门负责人）

“公司会与医科大学的教授、政府部门退休人员等合作，委托他们负责处理与政府关系相关的工作。公司建立了一个专家库，聘请大学重点专业的知名教授成为我们的专家库成员。公司在研发药品、进行药品报批申请的时候都会听取专家库专家的意见和建议。我们跟他们一般是长期签约，单次付费（有少数的专家是常年支付费用）。我们以前主要采用劳务费的方式支付，但现在更多的是采用个人经营所得或者外包项目费用的方式支付。”（2020041501ZBD医疗药品生产公司管理人员）

8.3.2 直销和分销并举

在医疗健康行业，负责医疗器械和药品销售工作的是渠道商（分销）和医药代表（直销）。直销和分销并举是医疗销售的主要特征。这一特征和2017年开始的“两票制”改革极大地影响了医疗健康行业的社会化用工模式。

首先，直销和分销并举意味着医疗健康行业同时需要渠道商和医药代表。在被访的17家企业中，分销业务是医疗销售的主要组成部分，尤其适用于药疗器械和耗材的销售，而在直销的部分，既存在全职销售代表，也存在通过业务外包招募的医药代表。

“我们的销售部包括自营团队、直营团队和招商团队三部分。其中，自营团队全部是全职人员，对其素质要求比较高，要有医药背景，有一部分人员要求研究生学历，直接面对医生推广产品。招商团队和直营团队都大量使用社会化用工。整个招商团队有40～50人，占企业灵活用工人员总数的20%～30%。公司和这部分人没有签订合同，而是以合作协议的形式委派其负责某区域的销售，公司不承担社保，仅有底薪和销售提成。而直营团队除了管理人员以外，大部分医药代表采用外包的模式，占企业灵活用工人员总数的70%～80%，他们的销售业绩占比较大。但是，随着国家加大对医药购销领域的监管力度，我们开始找第三方服务公司，将销售人员签约在他们公司。”（2020031601HNHN医疗器械销售部门管理人员）

随着2017年“两票制”的试点实施，渠道商在医药销售中的占比越来越小。“两票制”指药品生产企业到流通企业开具一次增值税发票（包括专用发票和普通发票），流通企业到医疗机构开具一次增值税发票。在“两票制”的基础上，不同于以往“厂家—商业公司—多级渠道商—医院”的多层次模式，医院订货时更有动力直接联系医药代表，由医药代表联系厂家，厂家安排商业公司进行配送，同时，厂家给医药代表支付报酬。此外，“两票制”实施以后，医院和药品生产企业之间通过医保进行结算，缩短了结算周期，对药品生产企业是一项利好举措。我国实施“两票制”的主要目的在于压缩流通渠道的中间环节，规避小的配送公司和中间中转的环节，方便进行配送，降低医药采购成本，解决人们“看病贵”的问题。值得注意的是，“两票制”不仅对渠道商产生了影响，对外包的医药代表也带来了一定的冲击。

“公司的销售服务团队包括三个部分：（1）公立医院销售团队：分四条不同产品线设置四个销售团队，每条产品线配置6～12人。（2）民营医院销售团队：针对民营医院设置一个销售小组，负责全产品线销售；每个分公司配备1～5人。（3）售后服务团队：单个分公司配备15～20名售后服务工程师。销售业务由直销人员和代理商共同拓展，产品通过代理商销售，与终端用户签订合同。”（2020041401SZMR药品生产厂商管理人员）

8.3.3 社会化用工差异大

我们发现，被调查的17家企业中，处于不同发展阶段的企业的社会化用工具有很强的异质性。具体表现为，中小企业和处于发展初期的企业会在核心业务上采用社会化用工，如招募生产工人、引进多点执业的医生以及与外部科研人员合作等，以满足其快速拓展营销渠道、促进业务增长的需要，同时在一定程度上解决企业内部专业化、专门化程度不足的难题。对于大型企业和处于成熟期的上市公司来说，出于专业性和合规性的考虑，它们一般不会在核心业务上采用社会化用工，而对于非核心业务岗位，如基础行政人员、服务人员等，多采用劳务派遣模式，以降低企业的用工成本。

“社会化用工场景主要涉及业务外包的模式。若我们想研发一款药品，但是没有实验室或者足够的试验设备，就会在外面找实验室和实验人员，行业内统称为CRO[①]。”（2020041501ZBD医疗药品生产公司管理人员）

“社会化用工主要在生产工厂中存在，具体的岗位为生产工厂的一线

---

① CRO是合同研究组织（Contract Research Organization）的简称，起源于美国，是通过合同形式为制药企业、医疗机构、中小医药医疗器械研发企业等机构在基础医学和临床医学研发过程中提供专业化服务的一种学术性或商业性的科学机构。

工人。一线工人中，大约有60%是采用劳务派遣模式，因为我们一般招不到很多一线的工人，没有相关的招聘资源。劳务派遣也能降低用工风险。一线员工的离职率较高，人员的招聘和管理等存在较多的风险，因此我们会选择第三方人力资源服务公司。”（2020041401SZMR药品生产厂商管理人员）

“我们医院有多点执业的医生，但总体上以全职医生为主、兼职医生为辅。一般预约的患者都是由全职医生进行诊疗，对于自己走进来（没有预约）的患者，在现有全职医生数量不足的情况下，才会由兼职的多点执业医生接诊。多点执业医生被录用后，与我们签订至少一年的劳务协议，一般经过沟通后会服务一定的时间，不会让患者的就诊出现断档。兼职医生也能帮助医院维系好患者，因为医院一般采用预约制度，患者需要某个医生时会提前打电话咨询医生的出诊情况。我们医院多点执业医生的比例最多为30%。单个科室本身配备的全职医生只有3～4名，在排班的时候是排不开的，所以几乎每个科室都会有兼职的医生。来自公立三甲医院的多点执业医生比较多。除此之外，还有一种情况：患者希望在民营医院获得更好的服务，但是希望公立三甲医院的医生为其治疗，此时我们医院就会联系公立三甲医院的医生，邀请其到我们医院为患者治疗。这种情况一般是单次的合作。”（2020041501SF医疗美容医院管理人员）

这一点也体现在不同企业全职和兼职医药代表的比例上。处于不同发展阶段的企业对外包服务的需求存在较大的差异。在17家被访企业中，处于快速增长期的企业需要销售人员快速占领市场，自有的销售人员或者客户关系不能覆盖到所有医院，因此需要招募当地的兼职销售人员，而规模较大的成熟企业或者外资企业、国有企业等很少使用兼职销售人员，其社会化用工主要涉及非核心业务和岗位。

“在医疗服务体系下，外资企业更加重视成本管理和人员管理，因此更加愿意采用社会化用工的方式。我们公司是大型外资企业，对于人员成本的管控较为严格，除了部门的主要负责人外，具体做事情的人员基本采用劳务派遣模式，涉及人力资源部、财务部、采购部、维修部、研发部、生产部、实验室、社会责任部门以及质量验证部门。在使用劳务派遣人员后，整体的发展趋势是降低自有员工的比例，因此社会化用工对企业的影响是自有员工比例不断下降。”（2020012201XAYS医疗器械企业管理人员）

“出于合规性和专业性的考虑，我们在一些主要的岗位上面不会采用社会化用工，但是对于一些非重要岗位或者是技术含量较低的岗位，会采用兼职人员和业务外包。如餐饮部厅面员工、厨房员工、管事部员工均有灵活用工的情况。同时，环境部的保洁也有社会化用工人员。”（2020041301TK健康体检公司部门负责人）

社会化用工的差异还表现在管理方面。多点执业医生、医疗代表的岗位职能决定了其工作内容、工作结果以及工作流程容易被量化，并方便企业进行业绩考核以确定其薪资待遇，但是，在社会化用工模式下，这两个岗位的考核办法和激励性存在差异。

“每个季度都会开销售会议，整体属于松散型管理。对销售人员一般根据KPI表格打分，包括考勤、日常拜访客户、销售目标的进度（60%的权重）、处理事务的能力等方面。一般是按月进行考核。”（2020031601HNHN医疗器械销售部门管理人员）

销售人员更容易受到量化考核带来的提成的激励，而多点执业医生特别是在平台上接诊的医生，接诊患者和做手术的时间与频率受到主业的限制，单纯靠量化考核或者算法管理来激励较为困难。特别是对于人力资本存量高的专家级别的医生而言，平台的算法管理会出现“失灵”的现象。平台会根据医生的在线接诊时间、回答问题的及时度以及患者的好评率等因素确定医生的分数，分数越高则被搜索到的可能性越大，占据广告推荐位的概率越大。但是，对于专家级别的医生而言，即使他们的分数很低，平台也不得不将其放在广告位和搜索结果的最上端，因为这样不仅可以通过专家级别的医生吸引流量，还能够提升平台的公信力。

“我们医院的医生出诊要登录医师系统，会有就诊记录。医生也会自己记录出诊时间和情况，有时候他们的记录会出现和医院记录不符合的情况，所以我们一般会把证据和记录放在一起。由于多点执业医生在岗的时间不长，对他们的激励方式为通过增强患者的黏性来增强医生的黏性，但从整体而言这种激励方式比较难做”。(2020041501SF 医疗美容医院管理人员)

第9章 互联网行业中的社会化用工

与传统行业相比，互联网行业中的社会化用工强调数字技术在资源整合中的作用，呈现出互联网平台整合资源、线上与线下相结合、高自主与强管控并存等行业特点。

9.1 互联网行业的研究方法

我们围绕企业采用社会化用工的原因、用工模式、用工岗位、用工渠道、用工管理等内容对互联网行业中的17家企业的管理人员开展了半结构式深度访谈，每次访谈时长大约为1.5小时。出于对访谈信度和效度的考虑，我们在对企业管理人员进行深度访谈的同时，向企业的人力资源部门的工作人员发放了调查问卷，回收有效问卷13份。

被访谈的企业具有多样性：从主营业务划分，有教育、知识付费、社交电商、直播短视频、短租、家政服务、医疗等企业；从规模划分，有大型企业6家，中型企业5家，小微型企业6家；从企业性质来看，17家被访企业全部是民营企业。虽然被访企业未能涉及国有企业和外资企业，但基于本章的研究内容、行业内国有企业和外资企业占比、国有企业和外资企业的合规性要求以及被访企业样本的可获得性等多方面因素考虑，缺失国有企业和外资企业样本并不会对资料收集的丰富性和多样性造成大的影响。因此，这17家被访企业既能反映出互联网行业社会化用工的现状，也能反映整个行业中的人力资本是如何被平台企业整合起来的。

9.2　互联网行业的社会化用工现状

互联网行业的社会化用工情况较传统行业而言更为普遍，主要的用工原因为满足临时性用工需求和专业技能需要、减少用工成本、促进业务增长等，用工模式为劳务派遣和业务外包，用工岗位为专业技术岗位和辅助性岗位。

从图9-1中可以发现，在17家互联网行业企业中，选择将业务直接发包给自然人的企业最多，共有9家，这说明行业的市场化程度较高，独立承包商较多。有5家企业选择将业务发包给具有独立法人资质的组织且不需要该组织派人员入驻其工作场所。还有4家企业选择将业务发包给具有独立法人资质的组织且需要该组织派人员入驻其工作场所，这说明有的业务需要由承包商派驻员工或者合作者在发包方指定的工作场所完成。另外，除了业务外包之外，还有6家企业采用劳务派遣模式组织用工。图9-2显示了互联网企业选择劳务派遣和业务外包的原因以及所需劳动者类型。

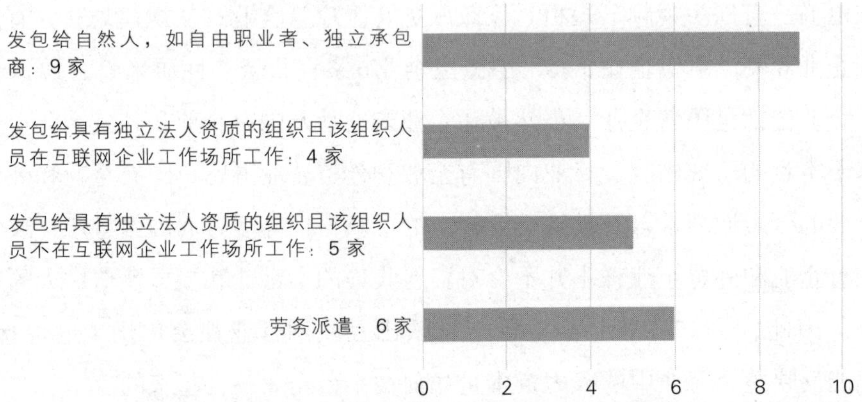

图9-1　互联网行业样本企业的社会化用工模式选择情况

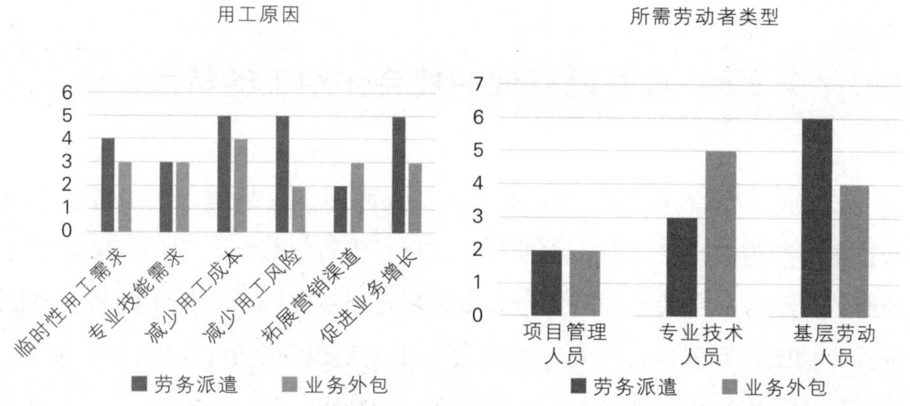

图9-2　互联网行业样本企业选择劳务派遣和业务外包的原因及所需劳动者类型

互联网行业企业选择劳务派遣模式主要是为了减少管理过程中所需投入的精力，将核心业务与非核心业务剥离开来，以提升企业绩效。企业选择业务外包的原因主要是减少用工成本，以提升企业绩效，促进业务增长。其所涉及的岗位以专业技术岗位为主，兼顾辅助性岗位。

图9-3清晰地显示了互联网行业在社会化用工渠道的选择上倾向于互联网平台招聘和中介公司两种渠道。

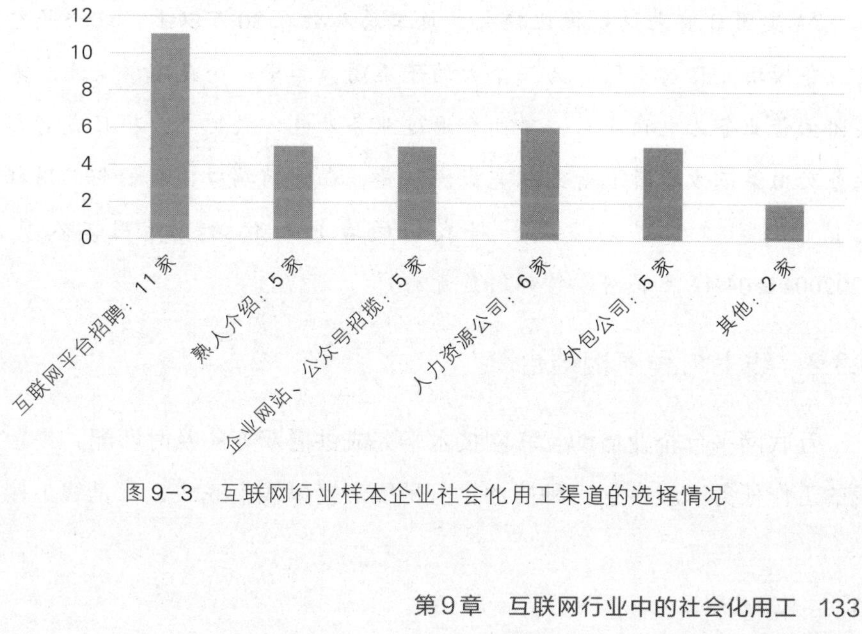

图9-3　互联网行业样本企业社会化用工渠道的选择情况

9.3 互联网行业的社会化用工的特点

被访的17家互联网行业企业是依托互联网、大数据、人工智能等新兴技术而产生的平台企业，主要从事直播、出行、教育、零售、家政服务等业务。参与平台劳动的劳动者大多为平台企业的社会化用工人员。与传统行业相比，互联网行业企业的社会化用工呈现出互联网平台整合资源、线上与线下相结合、高自主与强管控并存的特点。

9.3.1 互联网平台整合资源

随着第三次科技革命和以人工智能、机器人技术为突破口的第四次工业革命的到来，科学技术不仅改变了人们的生产、生活方式，而且给工作市场带来了巨大的变革。互联网平台、大数据、人工智能等信息技术开始作为生产要素大规模组织和匹配劳动力市场与消费者市场，并参与分配。因此，“互联网+”平台企业如雨后春笋般迅速成长起来，充分整合外部劳动力市场中的人力资本，将各类灵活用工人员吸纳进平台。

“A集团目前来说规模比较大，员工总人数在20万以上，这个是整体的业务模块。目前集团分为三个大的子集团，其中一个是零售集团。零售集团主营业务为电商平台。集团会通过业务外包方式把部分项目或者部分业务交由第三方人员或者组织完成。但是，在营销端口，我们会采用社区营销以及社交营销的方式，将我们的客户转化为灵活用工人员。”(2020041504ML互联网零售部门负责人)

9.3.2 线上与线下相结合

互联网平台企业借助互联网技术来完成供需双方的及时匹配，平台派发的工作任务一般存在三种情形：一是线上接单线上完成；二是线上接单线下完成；三是线上接单线上完成，当线上无法更好地完成时，劳动者可以选择继续在线下完成任务。例如，在互联网平台上做社区营销的团长，其工作任务全部在线上完成；出行平台上的代驾司机的工作任务一般是线上接单线下完成；互联网诊疗平台上的医生可能会出现线上诊疗和线下诊疗同时存在的现象。

“我们的主营业务为互联网销售产品，它相当于全球精品超市，是一个线上的超市，它所有的库存都是云端共享的。平台上的注册用户可以在微信朋友圈分享链接，如果有人通过该用户分享的链接购物，则平台会给该用户支付佣金。我们平台的理念是自用省钱、分享赚钱。打一个比方，我作为平台会员在平台上购物，那我是消费者，但是当我把产品的链接发到朋友圈、微信群等地方时，我就作为老板可以销售这个产品。如果你买了这个产品，平台会根据每个产品的佣金返现给我。佣金的比例为销售额的5%～40%。”（2020041502XY 互联网零售部门负责人）

此外，还有一些线上的业务需要线下配合才能完成。例如在线教育，既需要线上从事教育工作的老师或嘉宾，也离不开线下负责拍摄、宣传、播放等工作的技术人员。再如线上销售，很多电商企业都是线上做推销、线下发货，这样既可以节省实体店的存储和管理等费用，还可以增强宣传效果，进而提升企业的业绩。

“家政平台一般在接到顾客订单后会派单给线上的家政人员，他们接单之后按照规定的时间上门服务，服务完毕后顾客在系统上打分评价。平台会将顾客支付的费用在扣除一定比例后打到家政人员账户。”（2020041103LM 家政平台运营部门负责人）

9.3.3 高自主与强管控并存

互联网平台企业有一个突出的特点，就是给劳动者充分的自由，同时设计一套算法对劳动过程进行控制。从表象来看，互联网平台企业的社会化用工人员往往很少受到管理与控制，他们具有充分的自主性。很多劳动者从事平台工作的原因就在于有充分的自主性。实际上，互联网平台企业一般会通过培训与算法规则来形塑劳动者的行为，并基于用户的评价机制和其他技术手段对劳动者的工作过程和结果进行监督和评价，通过服务分和排名机制决定劳动者的订单量和收入情况。因此，劳动者为了获得稳定的订单量和收入，会被动接受平台制定的“游戏规则”，甚至延长在线时间、增加接单量，提高生产效率。所以，互联网平台上的劳动者处于高自主和强管控之下。

“平台有评星机制，有钻石月嫂、金牌月嫂、白金月嫂、银牌月嫂，有一系列的考核标准，比如说钻石月嫂的考核标准有服务年限和曾经的接单数量等。按照考核分数来进行流量倾斜，比如说她的分越高，星级越高，她的流量曝光度就越高，而且报价和经验等级是挂钩的。”（2020041103LM家政平台运营部门负责人）

“平台跟我们签协议，因为平台的协议是电子的，而且内容很长，我们都不会看，只是点‘同意条款’。一年签一次，签了以后到了司管公司这边还要签一份协议，说白了就是一些制度，要遵循他们的规章制度、培训制度，包括服从管理。还有就是平台要规定上线时间，这个根据平台的业务量来定，代驾需求量高的时候强制司机上线，说白了就是每天的高峰期基本必须上线。平台有一套评分系统，在这种高峰期上线的话，这个评分就会涨，如果司机真的有事儿也可以不上线，但是需要提前把账号冻结，也就是说要跟公司请假。”（20200415LLC代驾租赁公司工作人员）

第10章
社会化用工在行业间的比较

从前面的研究来看，影视文娱、金融、房地产、医疗健康、互联网行业的社会化用工在用工原因、用工模式、用工渠道、用工岗位四个方面既有相同点，又有差异。相同点表现为：其用工原因主要为节约用工成本、获取外部资源、促进业务增长；普遍使用的用工模式为劳务派遣和业务外包，相应地，其用工渠道主要为互联网平台和中介机构；采用社会化用工的主要岗位是专业技术岗位和辅助性岗位。

10.1 社会化用工在传统行业间的比较

传统行业是相对于互联网行业而言的。影视文娱、金融、房地产、医疗健康行业的社会化用工在用工原因、用工模式、用工渠道、用工岗位四个方面存在以下差异：

第一，社会化用工存在行业习惯。行业的用工习惯会影响行业内企业的经营模式和社会化用工市场的成熟度，即是否有充足的独立承包商供企业选择。影视文娱行业就是一个具有社会化用工习惯的行业，企业通过“项目制”来整合外部资源，同时市场的劳动力供给充足，存在大量以某种技能为生的“个体户”，他们凭借某种技能独立承接行业内企业发包的工作任务，交付工作成果。这种社会化用工的行业习惯在其他行业鲜见。

第二，社会化用工原因大致相同但侧重点存在差异。例如，影视文娱行业的社会化用工原因主要为获取外部资源和应对临时性的用工需求；而房地产行业的社会化用工原因更偏向节约用工成本、合法合规经营。此外，国有大型企业、上市公司和民营中小企业采用社会化用工的原因也存在差异。前者的重点在于合法合规经营，而后者倾向获取外部资源。

第三，用工模式和用工渠道在不同行业所占比重不同。劳务派遣模式在房地产行业中的应用比较普遍，业务外包模式在影视文娱行业、金融行业、医疗健康行业中的应用较为普遍。在业务外包模式中，影视文娱行业和医疗健康行业倾向将业务外包给自然人，但金融行业倾向将业务外包给具有法人资质的组织。此外，金融行业、医疗健康行业、影视文娱行业倾向与人力资本存量较高的劳动者建立合作或者合伙关系，而房地产行业除营销岗位外很少采用这种用工模式。用工模式不同，用工渠道也相应地存在差异。比如，企业倾向劳务派遣，则会通过人力资源公司连接外部劳动者；企业倾向将业务外包给自然人，则会通过熟人介绍、互联网平台招聘等渠道连接外部劳动者。

上述差异产生的原因主要包括以下几个方面：一是行业中市场的成熟度；二是企业的工作能否被拆解为任务；三是人力资本在企业经营生产中的重要程度；四是企业的规模和资金来源；五是企业采用社会化用工的原因和涉及的岗位等。

第四，用工岗位主要为专业技术岗位和辅助性岗位，但侧重点不同。房地产行业的社会化用工岗位偏向辅助性岗位，而医疗健康、影视文娱行业的社会化用工岗位偏向专业技术岗位。另外，在房地产、医疗健康、金融行业，营销岗位采用社会化用工的情形较为普遍。这些差异产生的原因主要有两个方面：一是岗位工作能否被拆解为一个个独立的任务；二是专业技术人才在市场中的可获得性。

10.2 社会化用工在新兴行业和传统行业间的比较

从传统行业和互联网行业的横向对比来看，这两个行业在社会化用工的发展脉络、用工原因、用工管理方面存在差异；从某一行业中的传统企业和互联网平台企业的横向对比来看，互联网平台企业在用工原因、用工岗位、用工模式等方面沿袭传统企业，但又具有自己的特点。

从第3章介绍的替代性工作安排的历史发展脉络可知，传统行业的用工关系经历了从传统劳动关系向社会化用工方式转变的过程，而应对临时性用工需求、节约用工成本、获取外部资源是企业转变用工方式的主要原因和动力。

互联网行业中的平台企业成立的动机为依托互联网、大数据等技术匹配劳动力市场和消费市场的供需，平台的创立者是互联网技术提供商，平台企业是订单需求的发布者和提供者，而非劳动者的雇主，平台上的劳动者属于互联网技术的使用者，而非雇员。因此，互联网平台需要采用社会化用工方式来整合劳动力资源。比如，某一提供牙医服务的平台，建立的动机之一是利用互联网技术匹配牙医资源和牙椅资源。中国的牙医资源极度稀缺：每百万人口牙医数量只有100人左右，远低于欧美发达国家500～1 000人的水平。同时，口腔诊所的牙椅空置率很高。以北京市场为例，目前口腔门诊的牙椅空置率普遍在50%以上，这是一笔巨大的闲置资产。平台建立的动机之二是利用互联网技术匹配牙医资源和患者需求。医生可以在平台上接诊患者，患者可以在平台上预约诊所和牙医。平台、诊所和牙医根据患者支付的诊疗费用按比例分成。

此外，传统行业和互联网行业对于参与社会化用工的劳动者的管理方式存在差异。传统行业对参与社会化用工的劳动者主要采用为以结果为导向的管理，而互联网行业不仅注重结果导向，而且引入算法管理和第三人考评的方式来控制和监督劳动者在平台上的劳动过程。

10.3 社会化用工在同行业不同类型企业间的比较

有的行业既有传统企业，又有新兴的互联网平台企业，如医疗健康行业有互联网医疗平台企业，影视文娱行业有短视频直播平台企业等。

互联网平台企业的社会化用工方式依托于行业整体的用工习惯以及行业内市场的成熟度。因此，互联网平台企业的社会化用工情况与同行业内传统企业的情况相似，但又具有新的特征。比如在医疗健康行业，传统医疗机构采用社会化用工模式与多点执业的医生建立合作关系，患者只有在医院就诊的时候才会接触到这些医生；而互联网医疗平台将多点执业的医生从医疗机构“解脱”出来，实现了“去雇主化”，患者可以直接通过互联网平台在线上找医生问诊。

另外，互联网平台整合人力资本的方式和用工管理方式与传统企业存在差异。就整合人力资本的方式而言，平台主要通过中介机构整合劳动者在平台上工作。因此，平台劳动者一方面受到平台算法的管理，另一方面受到中介机构的管理。另外，平台会根据劳动者的工作情况对中介机构进行评价，这种行为又会反作用于在平台上工作的劳动者，影响他们的工作过程。而传统企业要么选择直接与劳动者建立工作关系、合作关系或合伙关系，对劳动者的工作结果进行考核，要么通过业务外包或劳务派遣的模式使用外部劳动者。在业务外包模式下，企业主要对中介机构或劳动者的工作结果进行验收，一般不会监督劳动者的工作过程。

第11章
社会化用工从业者

参与社会化用工的劳动者分布在各个行业。他们参与社会化用工主要缘于经济性动机、个人职业发展动机以及就业偏好三个方面。兼职参与社会化用工的劳动者对用工企业提供的工作条件和工作自主性比较满意。此外，劳动者通过参与社会化用工增加了收入，提高了生活品质，实现了工作与家庭的平衡，积累了工作经验和经历，获得了更多的人际关系资源和平台发展机会。

11.1　从业者的分布现状

通过对707份有效样本的统计分析，我们发现，样本中的劳动者在电商、互联网行业，运输、快递业，以及金融、银行、证券、保险业中从事社会化用工工作的人数最多（见图11-1）。

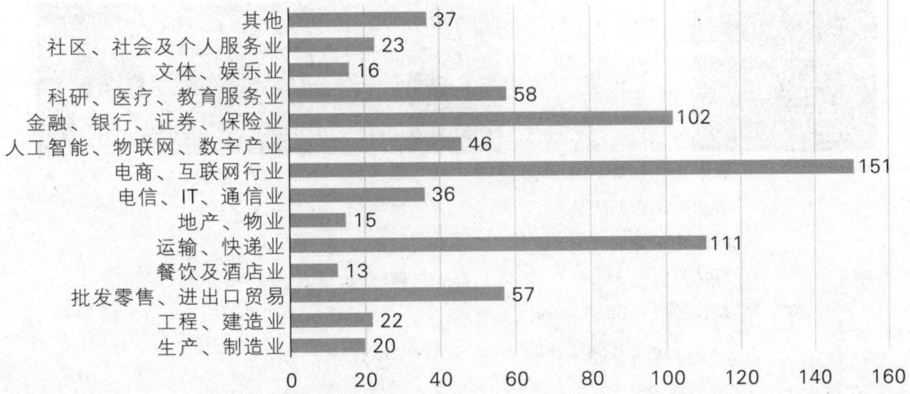

图11-1　社会化用工从业者的行业分布情况

从企业性质来看，在民营企业从事社会化用工工作的劳动者最多，其次为外资企业，行政机关最少（见图11-2）。

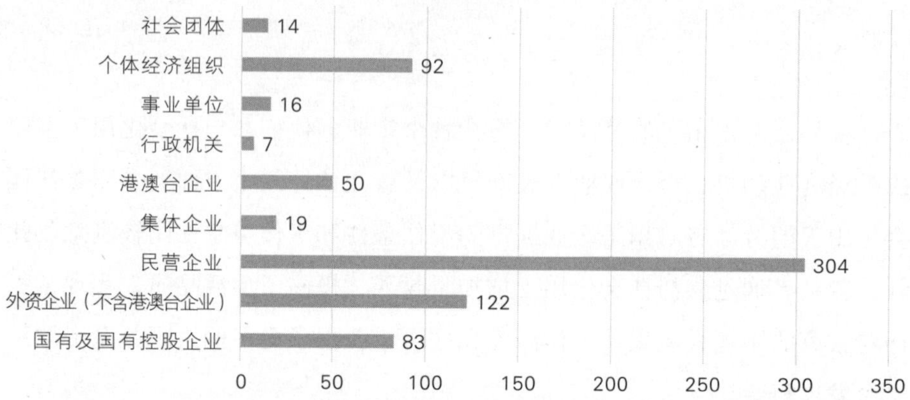

图11-2　社会化用工从业者所属企业的性质

在劳动者所从事的社会化用工岗位中，市场、销售、营销岗最多，其次为技术岗，行政、人力资源（HR）岗最少（见图11-3），这说明，一方面企业倾向通过社会化用工方式获取信息、知识、技术、顾客、供应商等生产经营所需资源，另一方面企业社会化用工涉及的工作岗位主要为专业技术岗位和辅助性岗位。

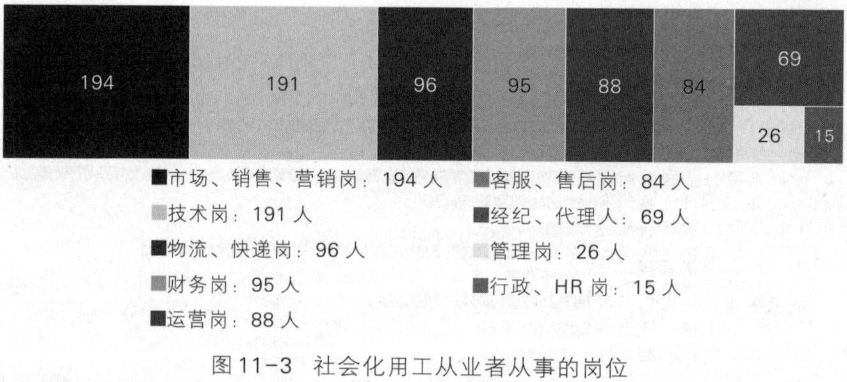

图11-3　社会化用工从业者从事的岗位

11.2 从业者的人口学特征

图11-4反映出调查样本中参与社会化用工的劳动者的就业状态。其中，以自由职业者身份参与社会化用工的劳动者有206人，占比29.1%，将社会化用工工作作为兼职的劳动者有501人，占比70.9%。参与问卷调查的社会化用工从业者在就业状态方面的分布与我们深度访谈的社会化用工劳动者在就业状态方面的分布一致。

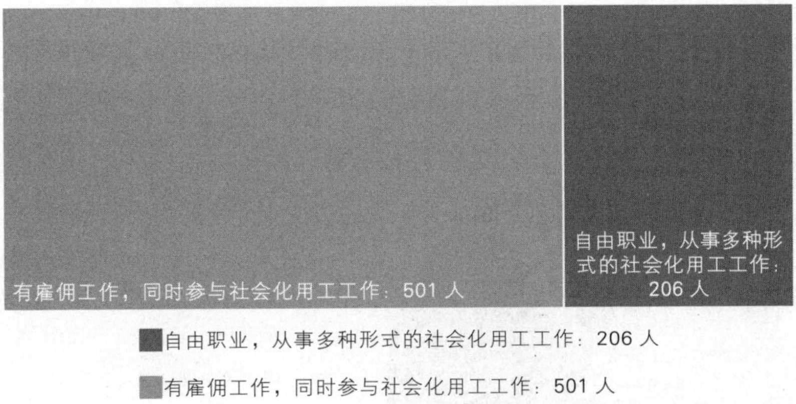

图11-4 社会化用工从业者的就业状态

在被调查的社会化用工从业者中，以男性居多（见图11-5中的左图），而在我们深度访谈的劳动者中，以女性居多。造成调查样本性别构成与深度访谈样本性别构成不一致的原因与样本所处的行业有关。在加拿大统计局和欧盟统计局的两项研究中，也是男性样本居多，因为其调查样本主要分布在运输、快递业（加拿大统计局，2019；欧盟统计局，2019）。从社会化用工从业者的年龄分布来看，40岁以下的劳动者在样本总量中占比超过半数（见图11-5中的右图）。调查样本的年龄结构与深度访谈样本的年龄结构一致。

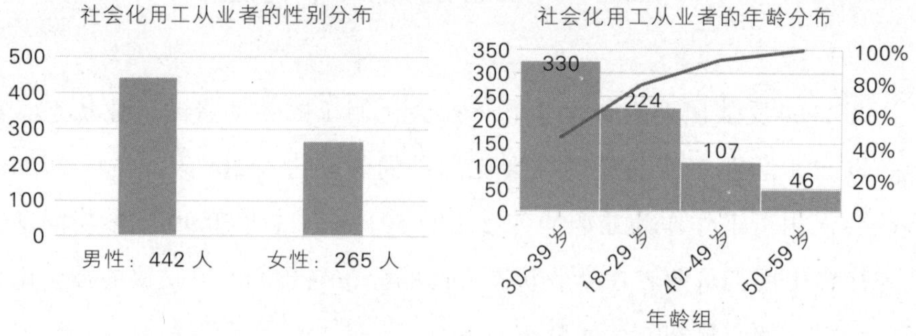

图 11-5 社会化用工从业者的性别分布和年龄分布

调查样本中的社会化用工从业者多为大专及本科学历，与深度访谈样本中的从业者学历结构一致（见图 11-6）。

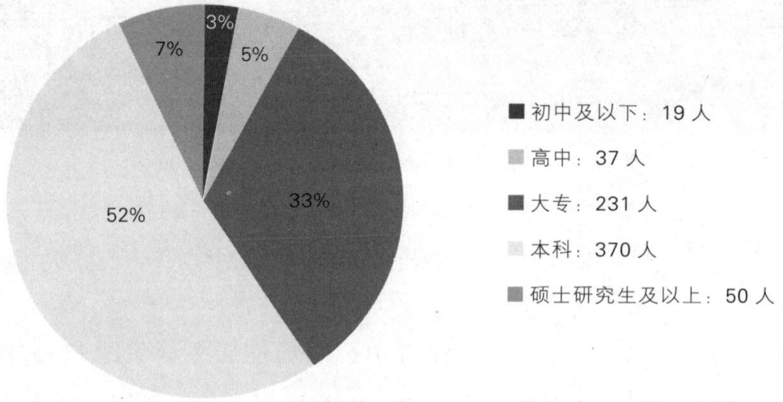

图 11-6 社会化用工从业者的学历结构

调查样本中的社会化用工从业者，已婚的居多，约占 65%，未婚的约占 31%（见图 11-7 中的左图），这与深度访谈对象的婚姻状况类似。另外，在已婚和丧偶、离婚的调查样本中，子女数量为 1 个的劳动者居多，占 70%（见图 11-7 中的右图）。

企业采用社会化用工的原因在于通过与外部劳动力建立工作关系、合作关系或合伙关系，为企业获取劳动力、信息、知识、技术、顾客、供应商等生产经营所需资源。因此，具有物质资本、社会资本、知识技能以及充足的工作时间成为劳动者从事社会化用工工作的优势（见图11-8）。

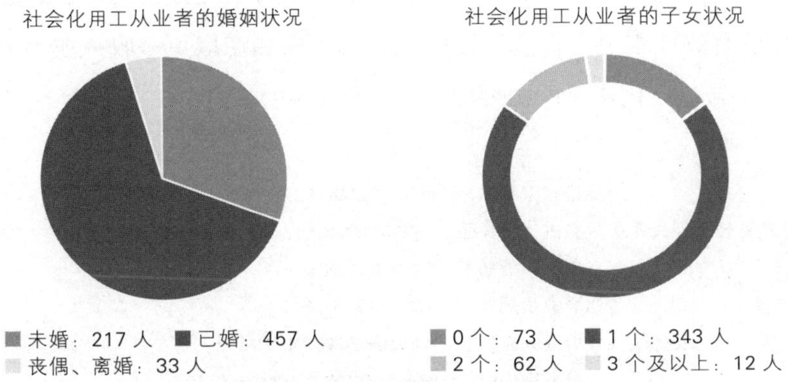

图11-7 社会化用工从业者的婚育状况

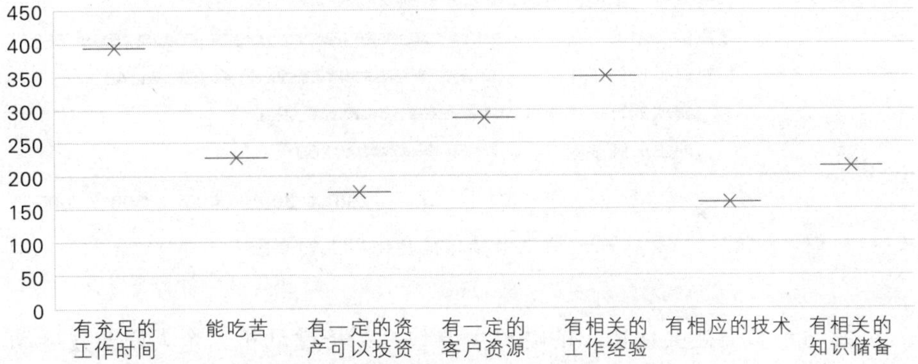

图11-8 劳动者参与社会化用工的优势

11.3 从业者的工作状况

我们从劳动者参与社会化用工的工作动机、享有的工作条件以及完成工作的质量三个方面分析劳动者的工作状况。

11.3.1 工作动机

在问卷调查中，我们询问了被调查者参与社会化用工的原因，在回收的707份有效样本中，较高的自由度、自主性和赚取更多收入成为大多数劳动者参与社会化用工的主要原因（见图11-9）。

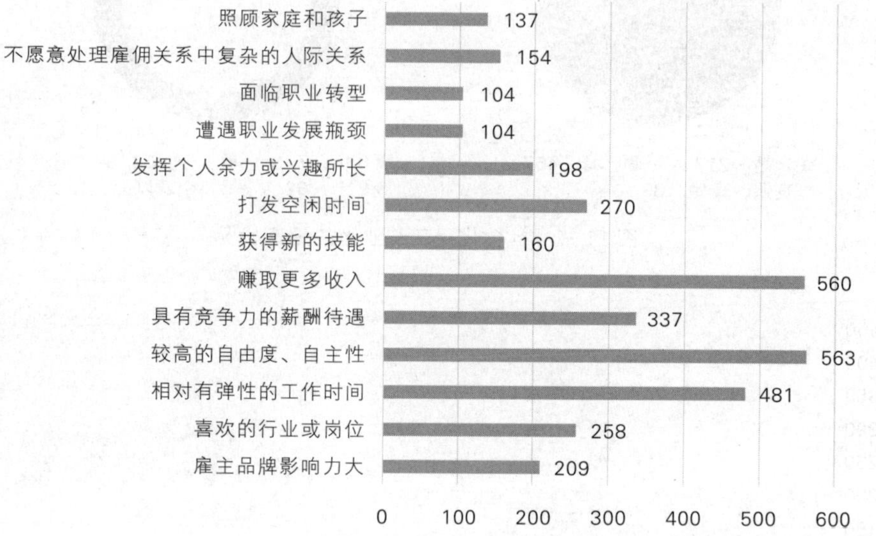

图11-9 劳动者参与社会化用工的原因

劳动者参与社会化用工的动机主要包括经济性动机、个人职业发展动机以及就业偏好三个方面。其中，经济性动机包括增加收入、增加社会保障以及降低投资风险；个人职业发展动机包括增加工作经历、积累工作经验、提升个人能力、增加社会资本；就业偏好包括工作自主性、工作与生活平衡、工作与健康平衡、行业职业偏好以及工作氛围（见表11-1）。

表11-1　　　　　　　劳动者参与社会化用工的动机

参与动机	细化动机	访谈资料
经济性动机	增加收入	因为我在的这个单位前些年的时候任务不是特别饱和，我有比较充裕的时间出来寻找一些兼职，也是因为生活的压力：工资收入不是特别高，基本工资也就是几千块钱，在上海的话，住房压力确实比较大，生活的成本和孩子的教育支出都是比较高的。（我想）趁自己还比较年轻的时候多找一些收入的来源，同时也提高自己的一些业务能力。（20200305YH）
		自由经纪人虽然没有底薪，但收入肯定比正常上班要高，房屋中介行业如果正常上班的话，提成比例不可能这么高，而且公司会根据你的等级设置提成比例，等级是需要你去熬时间和资历的。所以说自由经纪人第一个是没有约束，第二个来讲成交了之后提成比例高，跟平台对半分。（20200308CLS）
		我手上有客户有资源，顺带做兼职工作，有业务还能赚钱，没有业务也不损失什么。（20200322GXB）
		收入由顾客数量和成单量决定，随着资源的累积，收入会越来越高，未来可期。（20200226AX）
	增加社会保障	我加入人力资源公司做劳务派遣工作的主要原因是工作薪酬模式和“五险一金”等都有保障，有发展空间。（20200329XB）
		我加入劳务派遣公司的原因是有份比较稳定的工作，工作内容比较简单，公司还能上社保。（20200227LJY）
	降低投资风险	自己做自由经纪人和当时自己开店差不多，零成本创业，没有开店的成本以及雇佣成本。（20200308CLS）
个人职业发展动机	增加工作经历	这份工作是一个过渡，我没有太多的工作经验，就是一个“小白”，而且年纪的问题让我觉得选择不多，我也就是打算（通过劳务派遣）过渡一下，找一些比较普通的工作去做，我并没有打算（把这份工作）当作一份长期的工作来做，只是想工作内容简单一点，不用经常加班。所以，这份工作可以让我增加点工作经历，帮助我更好地找下一份工作。（20200326LJ）

续表

参与动机	细化动机	访谈资料
个人职业发展动机	积累工作经验	做了这份主播的工作之后，（对我来说）更大的一个转变是一种工作经验的累积，是我从一个编导策划向主持人的转变：一个幕后的人员转到了台前，变成了主持人。（20200308XZH）
	提升个人能力	这份工作能够增加自己与他人沟通的机会，提高沟通能力，为未来转型奠定基础。（20200403LYJ）
		我做在线老师的一个原因是教别人的时候自己能够很好地提升，做一个总结。（20200415ZC）
	增加社会资本	基本上我感觉做任何事情都需要良好的人际关系，人际关系好的话，好多事情都可以做成，否则就会很辛苦。这份工作能增加自己的人际关系资源，认识更多的人。（20200303ZY）
		我做这份兼职工作最大的收获在于对客户的深度挖掘和客户黏性的进一步增强。（20200322GXB）
就业偏好	工作自主性	（劳务派遣的工作）我觉得带给我的唯一好处可能就是在照顾孩子方面比较方便一些，可以减少正式员工的那种加班。（20200227LJY）
		对于正常雇佣的工作来说，企业接了这个活儿你就必须去完成，但是从自由职业者的角度来说，我可以根据自己的情况判断，如果我的身体状况不允许，我就不接这个活儿。（20200323WS）
		开花店的话，一是时间上不太自由，另外就是比较累，我自己也是开了好多年的店，所以想换个工作尝试一下。毕竟自己也是平安的客户，这个工作从行业来讲也是比较有前景的，平安也是一家大公司，我就是这么想的，时间也比较自由。另外，工作自主性高，作为一个集各类保险信息为一体的代理人，我自己可以根据客户的需要为他们选择平安旗下不同公司的不同产品。（20200226AX）
		我做这个行业的时候还没有自由经纪人这一职业，只不过后来越来越多的人不愿意受到公司的约束，所以这个行业里就发明了这种职业。如果你在地产中介公司工作，你怎么着也得坐班，就相当于你每天得打卡、上班，打卡、下班，我不太愿意受这种约束，而且包括提成等各方面的收入也比较低。（20200308CLS）

续表

参与动机	细化动机	访谈资料
就业偏好	工作与生活平衡	我之所以做这份工作就是为了有更多的时间兼顾家里和孩子，因为小孩现在上小学了，事情会多一点，以前做朝九晚五的工作，回到家都要七点多了，那小孩子顾不上的。(20200311CSJ)
		原来在幼儿园工作挺稳定和踏实的，还有寒暑假，但是结婚以后再做这种工作，一是压力大，二是不能顾家。在幼儿园工作很早就要上班，结婚了以后事情太多，尤其有了孩子以后，更觉得需要自由的工作兼顾。因为我老公是正常上班的，他是朝九晚五的工作，所以我现在这种工作模式也挺好的，能带孩子，也能照顾家。我觉得反而可以给家里减轻很多的压力。(20200310WN)
	工作与健康平衡	作为女人，你是不是将来要有个家？你要选择结婚生孩子，是吧？如果一年之中有大半年都在出差，谁也受不了，所以还是需要调理一下自己的身体，还要考虑自己工作的前景，然后慢慢调整成一个可结婚的状态。身体会变老。(20200323WS)
	行业职业偏好	首先我觉得网络直播的发展前景特别好，我也有信心能吃上这口饭，头半年看看市场考察考察，后半年开始彻底玩，大概就是这么一个想法。因为我很早之前就开始去研究这个网络直播，而且我不只是平时滑一滑看一看，也是在研究、分析之后觉得挺好，加上之前的工作不干了，就开始彻彻底底去走这条路。(20200308SZK)
		从编导转行到演员一开始是因为江湖救急，就是有演员临时反悔，然后需要你去顶个班。后来觉得做演员很有意思，每个人都有一个表演梦，我就是对这方面很感兴趣，再有一个非常现实的问题，就是演员赚的钱的确比编导多，而且要容易。(20200310FL)
		前期首先是我学这个专业的时候对服装是比较感兴趣的，可能身材、容貌刚好，身高也够，也是年纪比较小，比较喜欢在舞台上绽放、让大家都看着我的感觉。当时可能领悟得不是那么深刻吧，主要就是比较喜欢在舞台上展现自己，就这样。后期真的到我们实习了，工作了，不再向父母伸手要钱的时候，可能主要考虑的是这个展览会给我带来一笔收入，可能我多走几个展览我这个月的生活费就不用管父母要的，还是为了解决温饱问题吧。(20200308LXY)
	工作氛围	我是被派到这家公司去做的，肯定不会掺合这家公司里的其他事情，我只要把我的本职工作做好就可以了，所以没有竞争关系，也不需要处理复杂的人际关系，工作比较单纯和简单。(20200227LJY)

资料来源：根据访谈资料统计整理。

11.3.2 工作条件

我们对回收的707份有效样本的工作条件进行了统计（见表11-2），发现超过半数的劳动者从事社会化用工工作的年限在3年以上，其中工作3年至5年的最多，有198人，占比28.01%，工作时间在5年以上的有195人，占比27.58%。

表11-2　　社会化用工从业者的工作条件

项目		人数	占比（%）
工作年限	半年以内	56	7.92
	半年至1年	99	14.00
	1~3年	159	22.49
	3~5年	198	28.01
	5年以上	195	27.58
工作时长/天	不超过1小时	47	6.65
	1~2小时	81	11.46
	2~4小时	375	53.04
	4~8小时	153	21.64
	8小时以上	51	7.21
工作频率	每天	122	17.26
	每周3~5次	164	23.20
	每周1~2次	98	13.86
	偶尔	58	8.20
	视情况而定	265	37.48

续表

项目		人数	占比（%）
薪酬状况	3 000元及以下	186	26.31
	3 001~5 000元	340	48.09
	5 001~10 000元	135	19.09
	10 001~20 000元	39	5.52
	20 001~40 000元	5	0.71
	40 000元以上	2	0.28
薪酬占比	10%以下	26	3.68
	11%~30%	106	14.99
	31%~50%	194	27.44
	51%~70%	174	24.61
	71%~99%	97	13.72
	100%	110	15.56

资料来源：根据调研资料统计整理。

从每天的工作时长来看，大部分劳动者参与社会化用工的时长要小于8小时，其中，工作时长为2~4小时的人数最多，这与社会化用工从业者的就业状态相符合，即大部分劳动者将社会化用工的工作作为兼职。另外，从我们对自由职业者的访谈来看，他们参与社会化用工的主要原因之一为时间灵活自由，工作时间由自己决定。他们一般会自由调控自己的工作时间，除非有急单。

从社会化用工从业者的工作频率来看，37.48%的人会视情况需要而工作，这与企业选择社会化用工的原因一致，即应对临时性的用工需求，降低企业成本，提高生产效率，获取外部资源。通过劳动者从社会化用工工作中获取的收入（薪酬状况）以及该收入在其总收入中的占比（薪酬占比）可以看出，社会化用工工作能够增加劳动者的收入，且该收入仅为劳动者总收入的一部分，较少的劳动者将参与社会化用工所得的收入作为其全部收入（主要为自由职业者）。

在社会化用工模式下，企业一般不会为劳动者提供社会保险待遇。在707份回收样本中，总计有577人缴纳了城镇职工社会保险，而有501人将社会化用工工作作为兼职，这意味着大部分兼职劳动者通过雇佣单位参加了城镇职工社会保险并缴纳住房公积金；自由职业者中有一部分人可能以灵活就业人员身份缴纳了城镇职工社会保险。除此之外，社会保险和商业保险一般由劳动者自行缴纳（见图11-10）。

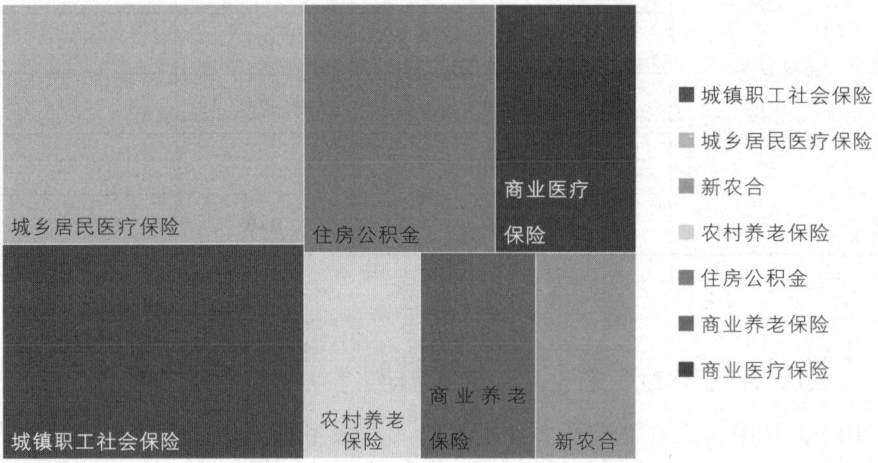

图11-10　社会化用工从业者的社会保障情况

11.3.3　工作质量

首先，从工作自主性的角度评估。劳动者在从事社会化用工工作的过程中在工作量/工作强度、工作内容以及工作进度等方面感受到工作的自主性（见图11-11）。由于劳动者从事的岗位不同，自主性有所差异。专业技术岗位的工作自主性更强，而辅助性岗位的自主性有限。

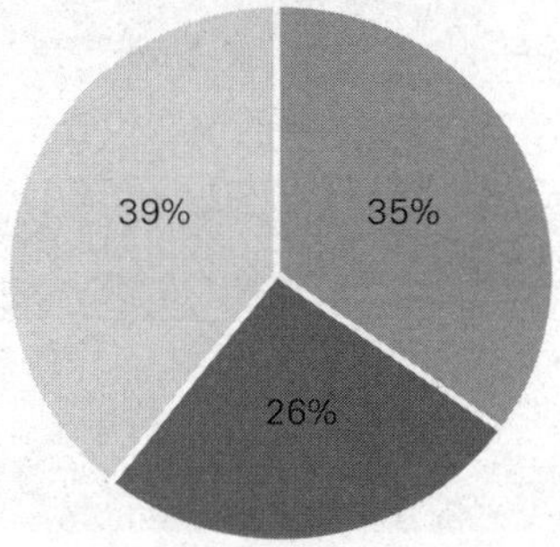

图11-11 社会化用工从业者感知的工作自主性

“工作（证券销售）自主性高。我自己懂业务知识，知道怎么沟通，也有客户资源，自己根据情况开展工作，完成任务后按照比例分成。双方有协议，协议中有分成比例、具体的规则和注意事项，只要不触碰企业规定的底线就可以。”（20200322GXB）

“工作（电话客服）具有有限的自主性，工作内容由公司决定，比如联系哪些客户、如何沟通，工作流程等，特别是在我刚入职的时候，公司会看着我打电话，每天会检查具体的工作结果。”（20200301SHL）

其次，从劳动者的工作满意度的角度评估。劳动者对社会化用工的工作或岗位的满意度比较高，在访谈过程中他们均表示“比较满意”。满意的原因在于社会化用工工作灵活自由、能够平衡工作与生活、增加收入、投入和产出成正比等。从图11-12可以看出，85.43%的劳动者愿意继续从事社会化用工工作，这在一定程度上反映出劳动者对这份工作的满意程度。但是，工作不稳定、收入不确定以及工作压力大是影响劳动者对社会化用工工作的满意度的主要原因，因此也有一小部分劳动者选择放弃这份工作。

图 11-12　劳动者是否愿意继续从事社会化用工工作

“主播的这份工作稳定感差，心里没着没落的，虽然现在收入高，但是不知道未来收入是否高，而且不知道自己什么时候不火，不知道未来的每天能不能有新增粉丝或者粉丝量哪天会掉，未来的不确定因素太多了，所以每天比较焦虑。”（20200308SKY）

“剪辑这份工作太累了，任务紧的时候要经常熬夜，熬通宵，虽然收入不错，但只适合年轻人，年纪大了之后我想着自己转行，如果找到合适的行业，我肯定不会再干剪辑。我去年也在想能干什么，现在只能干剪辑，但是几年之后肯定干不下去，肯定要转行。”（20200317CJX）

最后，从劳动者的工作获得感的角度评估。通过参与社会化用工，劳动者获得了收入、陪伴家人的时间、人际关系、积累工作经历和经验的机会以及成就感等。

“这份摄影的工作一个是能让我放松，毕竟我爱好这份工作；另一个是让我有更好的人际关系资源，有一些机会认识工作之外的圈子里的人。”（20200430GX）

“保险经纪人这份工作的时间比较自由，可以自己安排工作时间，剩余时间可以做自己喜欢做的事情，比如旅游和陪伴家人。”（20200226AX）

“当我分享我挑选的商品到朋友圈，大家对我的商品感兴趣时，我其实觉得，可能我选择的商品比较符合他们的喜好，有时还是小有成就感的。”（20200425DML）

第12章
社会化用工的政府治理

事物具有两面性，我们需要用发展的眼光全面客观地、一分为二地来认识社会化用工。从前文对5个行业的社会化用工的研究可知，于企业而言，社会化用工确实有助于降低成本、获取生产所需的外部资源、提升生产效率；于劳动者而言，社会化用工确实能够满足经济、个人职业发展以及就业偏好方面的需求。

但是，我们在做深度访谈前的预调研过程中发现，很多企业采用劳务派遣、业务外包等用工模式的目的仅是规避标准雇佣模式产生的用工风险和用工成本。我们知道，在社会化用工中，企业与劳动者之间并非劳动关系，根据我国的劳动法律制度，企业可以对劳动者不承担雇佣责任和成本。这就会促使部分企业为了降低用工成本和用工风险，错误地使用社会化用工模式，即企业将本该采用标准雇佣模式的工作岗位的劳动者通过社会化用工的方式获得。这样就会有损劳动者的权益，进而可能威胁社会的和谐稳定。此外，社会化用工这种市场经济行为本身可能会对市场竞争能力弱的劳动者造成伤害。这是因为，企业在经济效益的影响下势必会采用社会化用工的方式连接人力资本价值和稀缺程度较低的劳动者①，通过社会化用工组织生产，甚至存在故意规避在劳动关系中应履行的责任与义务的行为。这样就会出现最需要保护的劳动者往往得不到劳动权益保障的情况。

---

① LEPAK D P，SNELL S A. The human resource architecture：Toward a theory of human capital allocation and development [J]. The Academy of Management Review，1999，24（1）：31-48.

因此，政府要制定相应的劳动就业和社会保障政策，完成对社会资源的二次分配，解决社会化用工过程中出现的劳动问题，保障那些人力资本价值和稀缺程度较低、市场竞争能力较弱、职业风险较高的劳动者的基本生活，维护社会的公平与和谐。

本章引入政府这个行动主体，通过梳理在我国社会化用工发展过程中中央和地方政府治理政策的调整和转变，即从"包容审慎"向"规范发展"的政策转变，展现政府对新经济、新业态中的社会化用工的治理现状。在此基础上，本章从社会化用工治理现状及困境出发，论述新经济、新业态领域劳动关系认定和劳动者权益保障面临的挑战。

需要特别说明的是，在劳务派遣、业务外包、合作用工和合伙用工四种模式中，劳务派遣已受到以《劳动合同法》为代表的一系列劳动法律制度的调整和规范，被派遣的劳动者享有用人单位提供的劳动权益保障。但是，其他三种用工模式缺乏劳动权益保障的制度安排，且多用于新经济和新业态领域。因此，本章重点梳理政府对新经济、新业态领域社会化用工的治理政策和面临的治理困境。

12.1　治理政策的调整与转变

伴随着新经济、新业态的发展，我国的中央和地方政府关于社会化用工的治理政策从"包容审慎"转向了"规范发展"。

2018年9月11日，李克强总理考察国家市场监督管理总局并主持召开座谈会时提出，我国近年来新业态、新技术、新模式方兴未艾，不仅推动了经济发展、增加了就业岗位，更大大方便了群众生活，这在很大程度上得益于"包容审慎"的监管方式。所谓"包容"，就是对那些未知大于已知的新业态采取包容态度，只要它不触碰安全底线。"审慎"有两层含义：一是当新业态刚出现还看不准的时候，不要一上来就"管死"，而要给它一个“观察期”；二是严守安全底线，对谋财害命、坑蒙拐骗、假冒伪劣、侵犯知识产权等行为，不管是传统业态还是新业态都要采取严厉监管措施，坚决依法打击。[①]据此，对社会化用工持“包容审慎”态度，可以做如下理解：“包容”就是对新业态下的多样化用工模式采取适度管理，给社会化用工模式一个“观察期”，只要它不危及劳动者的根本利益，不影响社会安全稳定，就不把它“管死”；“审慎”就是加强对新业态下社会化用工侵犯劳动者权益的行为与举措进行严格的监管，要谨小慎微地对相关政策进行调整，严防事态恶化甚至失控，严守杜绝集体性事件的底线，维护人民生活安定。近年来，中央及地方政府对新经济和新业态中的社会化用工给予了足够的包容和鼓励，并适时、适当地审慎调整，使社会化用工的参与主体充分发挥主观能动性，使创造社会财富的源泉充分涌流。

2017年3月5日，李克强总理在《政府工作报告》中首次提出，要本着鼓励创新、包容审慎的原则，制定新兴产业监管规则，引导和促进新兴产业健康发展。[②]随后，在2017年6月21日的国务院常务会议、6月27日的夏季达沃斯论坛开幕式以及7月12日的国务院常务会议等场合，他又多次强调了“包容审慎”的原则。2016年7月，国务院和交通运输部等多部委颁布《关于深化改革推进出租车汽车行业健康发展的指导意见》和《网络预约出租汽车经营服务管理暂行办法》（2022年11月30日第二次修正），明确要求网约车平台根据工作时长和服务频次等与网约车驾驶员签订劳动合同或者协议，以保证其合法从业资格，保障其作为社会化用工从业者的相关权益，这就在事实上为社会化用工中网约车平台与从业者之间

① 佚名．李克强详解为何对新业态实施“包容审慎”监管［EB/OL］.（2018-09-12）［2022-12-18］．http：//www.gov.cn/xinwen/2018-09/12/content_5321209.htm.

② 李克强．政府工作报告——2017年3月5日在第十二届全国人民代表大会第五次会议上［EB/OL］．（2017-03-16）［2022-12-18］．http：//www. gov. cn/premier/2017-03/16/content_5177940.htm.

签订协议（非劳动合同）疏通了政策渠道[1][2]。这在当时已经体现了政府对互联网平台社会化用工行为的包容态度。

2020年5月22日，李克强总理在《政府工作报告》中提出“千方百计稳定和扩大就业”[3]，不仅从税收方面加大对中小微企业、个体工商户的扶持力度，以扩大其吸收社会化用工从业者的覆盖范围，还提出对社会化用工从业者中的低收入者的社保费用实行自愿缓缴的政策，并完全取消了涉及就业的行政事业性收费。这些是对社会化用工参与主体的强力支持。2020年5月18日，中共中央、国务院印发《关于新时代加快完善社会主义市场经济体制的意见》，提出健全对新业态的包容审慎监管制度。[4]2020年7月28日，国务院办公厅发布《关于支持多渠道灵活就业的意见》，提出实施包容审慎监管，促进数字经济、平台经济健康发展，……合理设定互联网平台经济及其他新业态新模式监管规则，鼓励互联网平台企业、中介服务机构等降低服务费、加盟管理费等费用，创造更多灵活就业岗位，吸纳更多劳动者就业。[5]2020年10月29日，党的十九届五中全会通过《中共中央关于制定国民经济和社会发展第十四个五年规划和二〇三五年远景目标的建议》，进一步表明了要完善促进创业带动

---

① 国务院办公厅．国务院办公厅关于深化改革推进出租车汽车行业健康发展的指导意见［A/OL］.（2016-07-28）［2022-12-18］. http：//www.gov.cn/zhengce/content/2016-07/28/content_5095567.htm.

② 交通运输部，工业和信息化部，公安部，等．网络预约出租汽车经营服务管理暂行办法［A/OL］．（2022-12-06）［2022-12-18］．http：//www. gov. cn/zhengce/2022-12/06/content_5730384.htm.

③ 李克强．2020年政府工作报告——2020年5月22日在第十三届全国人民代表大会第三次会议上［EB/OL］.［2022-12-18］. http：//www.gov.cn/guowuyuan/2020zfgzbg.htm.

④ 中共中央，国务院．中共中央 国务院关于新时代加快完善社会主义市场经济体制的意见［A/OL］.（2020-05-18）［2022-12-18］. http：//www.gov.cn/xinwen/2020-05/18/content_5512696.htm.

⑤ 国务院办公厅．国务院办公厅关于支持多渠道灵活就业的意见［A/OL］.（2020-07-08）［2022-12-18］. http：//www.gov.cn/gongbao/content/2020/content_5535320.htm.

就业、多渠道灵活就业的保障制度，支持和规范发展新就业形态[①]。2020年11月10日，国务院办公厅印发《全国深化“放管服”改革优化营商环境电视电话会议重点任务分工方案》，进一步强调稳定和扩大就业，破除影响就业特别是新就业形态的各种不合理限制，加快调整相关准入标准、职业资格、社会保障、人事管理等政策，适应并促进多元化的新就业形态。把灵活就业、共享用工岗位信息纳入公共就业服务范围，对设立劳务市场或零工市场给予支持、提供便利。[②]

由此可见，“包容审慎”的原则不仅作用于经济形态和商业模式，而且作用于用工方式，因为社会化用工在扩大就业、提高劳动者收入、带动经济增长等方面发挥着积极作用。尤其是新冠肺炎疫情期间，互联网平台用工、众包、社群经济就业、共享员工等用工形式在复工复产的过程中发挥了突出的作用，受到了中央与地方政府的高度关注与大力支持。

从地方层面来看，2020年5月29日，上海市人民政府发布《关于进一步做好稳就业促发展工作的实施意见》，提出支持劳动者依托平台就业，引导平台企业放宽劳动者的入驻条件、降低管理服务费。[③]该政策体现出上海市政府对数字平台企业采用社会化用工以及劳动者参与社会化用工给予了大力支持。

除上海外，其他省（自治区、直辖市）同样对新经济中的社会化用工给予了肯定和支持。2017年9月30日，湖南省人民政府发布《关于做好当前和今后一段时期就业创业工作的实施意见》，提出以新一代信息网络

---

① 中共中央．中共中央关于制定国民经济和社会发展第十四个五年规划和二〇三五年远景目标的建议［A/OL］．(2020-11-03)［2022-12-18］．http：//www.gov.cn/zhengce/2020-11/03/content_5556991.htm? trs=1.

② 国务院办公厅．国务院办公厅关于印发全国深化“放管服”改革优化营商环境电视电话会议重点任务分工方案的通知［A/OL］．(2020-11-10)［2022-12-18］．http：//www.gov.cn/zhengce/zhengceku/2020-11/10/content_5560234.htm.

③ 上海市人民政府．上海市人民政府关于进一步做好稳就业促发展工作的实施意见［A/OL］．(2020-06-11)［2022-12-18］．http：//rsj. sh. gov. cn/txgszfgz_17262/20200617/t0035_1388410.html.

和人工智能技术为支撑，推动平台经济、众包经济、分享经济等创新发展……支持劳动者通过新兴业态实现多元化就业。[①]2021年1月14日，宁夏回族自治区办公厅发布《关于支持多渠道灵活就业的实施意见》，强调将灵活就业作为稳就业和保居民就业的重要补充，坚持市场引领和政府引领并重、放开搞活和规范有序并举的原则……清理取消对灵活就业不合理的限制，强化政策服务供给，创造更多灵活就业机会。[②]

综上，"包容审慎"的监管原则推动了社会化用工在新经济领域的发展，社会化用工从业者数量急剧上升。截至2021年年底，中国社会化用工相关从业者已经达到2亿人[③]，规模空前庞大。与此相对应的是，新经济和新业态中从事社会化用工的劳动者群体因与用工单位之间不具备劳动关系而被排除在现行的劳动法律政策的保护之外。同时，也有部分企业为了降低用工成本和风险，刻意将标准雇佣关系或非标准雇佣关系转变为非雇佣关系。例如，某外卖平台为了规避与外卖骑手建立劳动关系的用工风险和成本，刻意与人力资源公司合作将外卖骑手注册成为个体工商户。这不仅损害了社会化用工从业者的合法权益，而且不利于新业态的持续健康发展。这些问题亟待政府出台相关的政策进行规范化治理。

2019年8月8日，国务院办公厅发布《关于促进平台经济规范健康发展的指导意见》，明确要求在平台经济规范发展的过程中，重视平台相关从业者的合法权利，对涉及平台经济的多方主体依法提供促进其规范发展

① 湖南省人民政府．湖南省人民政府关于做好当前和今后一段时期就业创业工作的实施意见［A/OL］．(2017-10-16)［2022-12-18］http：//www. hunan. gov. cn/hnszf/xxgk/wjk/szfwj/201710/t20171016_4824761.html.

② 宁夏回族自治区人民政府办公厅．自治区人民政府办公厅关于支持多渠道灵活就业的实施意见［A/OL］．(2021-01-14)［2022-12-18］．https：//www. nx. gov. cn/zwgk/gfxwj/202101/t20210114_2570637.html.

③ 金晨．中国灵活就业者已达2亿人，线上工作受到年轻人追捧［N］．人民日报（海外版），2022-02-09 (08)．

的相关保障。该文件强调要为社会化用工中的平台从业者提供全面多样的“劳动者权利”保障，尤其是围绕社保政策、职业伤害保障试点、职业技能培训等方面，要加快加紧研究方案、制定政策，将社会化用工从业者的相关保障政策做深、做细、做实。[①]

2019年12月，《国务院关于进一步做好稳就业工作的意见》发布，再次强调要在支持社会化用工发展的同时，研究完善支持灵活就业的政策措施，明确灵活就业、新就业形态人员劳动用工、就业服务、权益保障办法，启动新就业形态人员职业伤害保障试点，抓紧清理取消不合理限制灵活就业的规定。[②]2020年年初，中央一号文件提出“开展新业态从业人员职业伤害保障试点”[③]。同年7月，《国务院办公厅关于支持多渠道灵活就业的意见》指出，在支持新业态发展的过程中，要重视劳动者的权益保障问题，通过政策制定引导企业与社会化用工从业者加强沟通、明确责任，为从业者的劳动权益提供可靠稳定的保障，同时，通过政策引导工会与行业协会等加强协商，细化行业规范办法，做好预防工作，不断纠正违法违规行为，共同营造健康有序良性的社会化用工环境。[④]同年10月，《中共中央关于制定国民经济和社会发展第十四个五年规划和二〇三五年远景目标的建议》将完善多渠道灵活就业的保障制度、支持和规范发展新就业形态作为强化就业优先政策的重要组成部分。2021年4月，《国务院办公厅关于服务“六稳”“六保”进一步做好“放管服”改革有关工作的意见》

---

① 国务院办公厅．国务院办公厅关于促进平台经济规范健康发展的指导意见［A/OL］．(2019-08-08)［2022-12-18］．http：//www.gov.cn/zhengce/content/2019-08/08/content_5419761.htm.

② 国务院．国务院关于进一步做好稳就业工作的意见［A/OL］．(2019-12-24)［2022-12-18］．http：//www.gov.cn/zhengce/content/2019-12/24/content_5463595.htm.

③ 中共中央，国务院．中共中央 国务院关于抓好“三农”领域重点工作确保如期实现全面小康的意见［A/OL］．(2020-01-02)［2022-12-18］．http：//www. gov. cn/gongbao/content/2020/content_5480477.htm.

④ 国务院办公厅．国务院办公厅关于支持多渠道灵活就业的意见［A/OL］．(2020-07-28)［2022-12-18］．http：//www.gov.cn/gongbao/content/2020/content_5535320.htm.

出台，进一步从社保政策措施、社会保险的户籍限制、工伤保险的覆盖范围、职业伤害的保障试点等多方面规范社会化用工新形态，多措并举，不断优化其发展环境，维护相关从业者合法权利，促进社会化用工的又好又快发展。[①]

相比较而言，相关部委对社会化用工中基于互联网平台的新就业形态的关注则更早一些，关注的内容也各有侧重。2017年7月，国家发展改革委等八部委联合印发《关于促进分享经济发展的指导性意见》，明确提出要对与社会化用工从业者签订劳动合同的企业和相关从业者进行政策扶持，在此基础上，进一步完善相关社保缴费措施，这就从劳动力需求侧推动了对劳动者权益的保障。[②]可以看出，该指导性意见重点关注了劳动合同的签订，将其设置为给予就业扶持的重要条件。2018年5月，国家发展改革委等三部委发布《关于做好引导和规范共享经济健康良性发展有关工作的通知》，对规范共享经济等新业态新模式健康发展提出了具体的要求。[③]同年9月，人力资源和社会保障部（下文简称人社部）表示，将围绕新业态下的用工管理起草指导意见，通过对新业态进行分类，不断提高其用工管理的规范程度，加强其行业自律和从业者权益保障的政策研讨力度，为社会化用工从业者参加社会保险提供可行性路径，在充分调查研究的基础上，就新业态从业者的权益保障纳入社会保险范畴的问题向相关法律部门提出针对性建议，争取从立法和制度上为新业态下社会化用工从业者的权益保障

---

① 国务院办公厅．国务院办公厅关于服务“六稳”“六保”进一步做好“放管服”改革有关工作的意见［A/OL］．(2021-04-15)［2022-12-18］．http：//www.gov.cn/zhengce/content/2021-04/15/content_5599655.htm.

② 国家发展改革委，中央网信办，工业和信息化部，等．关于促进分享经济发展的指导性意见［A/OL］．(2017-07-03)［2022-12-18］．http：//www.gov.cn/xinwen/2017-07/03/5207691/files/11c22c195e0b466f9fbe390cf1e8d850.pdf.

③ 国家发改委办公厅，中央网信办秘书局，工业和信息化部办公厅．关于做好引导和规范共享经济健康良性发展有关工作的通知［A/OL］．(2018-05-27)［2022-12-18］．http：//www.gov.cn/xinwen/2018-05/27/content_5293857.htm.

守好底线。[1]2019年2月，人社部表示，力图从源头上解决工作实践中容易发生的工伤争议，通过修订《工伤保险条例》，为解决新业态下社会化用工从业者的相关法律问题奠定稳固的法律基础。[2]同年7月，人社部又表明，在现行法律体系下，社会化用工从业者的基本劳动权益保障缺乏法律依据，将尽快推动《劳动基准法》的出台，将新业态从业者纳入法律保障体系，为其劳动者权益保障提供法律依据。[3]同年9月，人社部相关文件又从保护新业态下相关企业的角度进行了规范，强调在新经济迅速发展的背景下，用工方式日新月异，要防止将所有新业态下社会化用工企业与从业者之间的关系直接认定为传统劳动关系，因为这样会导致社会化用工企业的责任大幅增加，阻碍新经济的发展，进而反作用于社会化用工的就业，对新就业形态下的就业产生负面影响。下一步，将按照分类规范的原则，引导新业态企业与建立劳动关系的劳动者依法签订劳动合同，按照现行劳动保障法律法规予以规范。对采用其他方式用工的，鼓励新业态下社会化用工企业主动承担社会责任，与从业者签订民事协议，合法、合理地对相关事项进行规范，既保障从业者的劳动权益，又不阻碍新经济的有序发展。此外，要进一步发挥行业协会在维护“三新”就业群体劳动保障权利中的作用，推动入会企业签订劳动用工方面的行业自律公约或倡议书，大力倡导新业态企业积极履行社会责任，推动实现劳动者体面劳动，树立企业良好社会形象。[4]2020年4月，国家发展改革委、中央网信办印发《关于推进“上云

---

① 人力资源和社会保障部．人力资源社会保障部对政协十三届全国委员会第一次会议第1376号（社会管理类106号）提案的答复［A/OL］.（2018-09-30）［2022-12-18］. http：//www.mohrss.gov.cn/xxgk2020/fdzdgknr/zhgl/jytabl/tadf/201812/t20181203_306187.html.

② 陈晓燕，郑莉．人社部答复“将适时修订《工伤保险条例》”［N］．工人日报，2019-03-10（02）.

③ 人力资源和社会保障部．人力资源社会保障部对十三届全国人大二次会议第6979号建议的答复［A/OL］.（2019-07-24）［2022-12-18］. http：//www.mohrss.gov.cn/xxgk2020/fdzdgknr/zhgl/jytabl/jydf/201911/t20191113_341357.html.

④ 人力资源和社会保障部．人力资源社会保障部对政协十三届全国委员会第二次会议第2872号（社会管理类211号）提案的答复［A/OL］.（2019-09-04）［2022-12-18］. http：//www.mohrss.gov.cn/xxgk2020/fdzdgknr/zhgl/jytabl/tadf/201912/t20191205_345297.html.

用数赋智”行动 培育新经济发展实施方案》，要求各地鼓励发展新经济，引导社会化用工企业为从业者提供相应保障，并完善职业培训等各类就业和社保服务。[①]同年7月，国家发展改革委等13个部委联合发布的《关于支持新业态新模式健康发展 激活消费市场带动扩大就业的意见》指出，要不断探索新就业形态下多雇主间从业的劳动者的权益保障，优化社会化用工从业者的相关劳动制度，明确用工双方的权利和义务，通过出台具体细致、科学合理的就业政策，积极推动新经济下用工模式发展，在促进经济发展和稳定就业、保障劳动者权益之间取得良好平衡。[②]国家发展改革委创新和高技术发展司有关负责同志就《关于支持新业态新模式健康发展 激活消费市场 带动扩大就业的意见》答记者问时，也提到了完善就业服务和保障制度，进一步激活新型就业潜力，培育新型就业形态，提供新型就业保障，搭建新型供需对接平台。[③]同年9月，《人力资源社会保障部对政协十三届全国委员会第三次会议第3391号（社会管理类287号）提案的答复》指出，以平台经济、共享经济为代表的新业态蓬勃发展，成为促进经济发展的新引擎。新业态发展在促进就业数量增长的同时，也催生了大量新的就业形态。新就业形态人员大多通过平台自主接单承接工作任务，准入和退出门槛低，工作时间相对自由，劳动所得从消费者支付的费用中直接分成，其与平台的关系有别于传统的“企业+雇员”模式，这就导致新就业形态人员难以被纳入现行的劳动法律法规保障范围，具体表现为其劳动权益保障不

① 国家发展改革委，中央网信办．国家发展改革委 中央网信办印发《关于推进“上云用数赋智”行动培育新经济发展实施方案》的通知［A/OL］.（2020-04-07）［2022-12-18］. https：//www.ndrc.gov.cn/xxgk/zcfb/tz/202004/t20200410_1225542_ext.html.

② 国家发展改革委，中央网信办，工业和信息化部，等．关于支持新业态新模式健康发展 激活消费市场带动扩大就业的意见［A/OL］.（2020-07-14）［2022-12-18］. https：//www.ndrc.gov.cn/xxgk/zcfb/tz/202007/t20200715_1233793_ext.html.

③ 国家发展改革委．国家发展改革委创新和高技术发展司有关负责同志就《关于支持新业态新模式健康发展 激活消费市场 带动扩大就业的意见》答记者问［EB/OL］.（2020-07-20）［2022-12-18］. https：//www.ndrc.gov.cn/xxgk/jd/jd/202007/t20200720_1234113.html?code=&state=123.

足、社会保障覆盖范围有限等。经过前期调研论证，人社部初步提出了职业伤害保障模式，拟在深入听取各方意见、凝聚更大共识基础上，按照先试行再完善的思路，稳步推进相关工作。[①]2021年7月16日，为支持和规范发展新就业形态，切实维护社会化用工从业者劳动保障权益，促进新经济健康持续发展，人社部等八部委以社会化用工中平台从业者为抓手，联合印发《关于维护新就业形态劳动者劳动保障权益的指导意见》。该意见首次明确了在劳动者权益保障方面平台企业应当承担相应责任，并从政策上体现了对社会化用工从业者权益保障制度的完善，将社会化用工分为符合确立劳动关系情形，不完全符合确立劳动关系情形但企业对劳动者进行劳动管理，个人依托平台自主开展经营活动、从事自由职业等三种类型，分别采取订立劳动合同、订立书面协议、依据民事法律调整双方的权利义务，进一步科学化促进社会化用工的发展。[②]

针对社会化用工的某些重点领域，相关部委正在加速建立与完善相关制度。2021年7月，交通运输部等七部委联合印发《关于做好快递员群体合法权益保障工作的意见》。该意见立足我国快递行业迅速发展、快递从业者与日俱增的现实情况，针对当前快递人员在劳动过程中所面临的包括收入、保障、认同感等在内的各类问题与困扰，从多维度提出指导建议，引导快递企业强化责任意识，督促政府部门完善监管等，进一步维护了快递从业者的劳动权益。[③]同月，国家市场监督管理总局等七部门联合印发

---

① 人力资源和社会保障部．人力资源社会保障部对政协十三届全国委员会第三次会议第3391号（社会管理类287号）提案的答复［A/OL］．(2021-01-13)［2022-12-18］．http：//www.mohrss.gov.cn/xxgk2020/fdzdgknr/zhgl/jytabl/tadf/202101/t20210113_407557.html.

② 人力资源和社会保障部，国家发展改革委，交通运输部，等．人力资源社会保障部 国家发展改革委 交通运输部 应急部 市场监管总局 国家医保局 最高人民法院 全国总工会关于维护平台从业者劳动保障权益的指导意见［A/OL］．(2021-07-16)［2022-12-18］．http：//www.mohrss.gov.cn//xxgk2020/fdzdgknr/zcfg/gfxwj/ldgx/202107/t20210722_419091.html.

③ 交通运输部，国家邮政局，国家发展改革委，等．交通运输部 国家邮政局 国家发展改革委 人力资源社会保障部 商务部 市场监管总局 全国总工会关于做好快递员群体合法权益保障工作的意见［A/OL］．(2021-07-15)［2022-12-18］．https://www.spb.gov.cn/gjyzj/c200075/202107/3ccb4fd435e746c7a303df388ef2c311.shtml.

《关于落实网络餐饮平台责任切实维护外卖送餐员权益的指导意见》，针对外卖送餐员劳动过程中的7个具体方面提出明确要求，以保障外卖送餐员正当权益。[①]同年11月，交通运输部等八部委联合出台《关于加强交通运输新业态从业人员权益保障工作的意见》，加强网约车从业人员权益保障，完善平台和从业人员利益分配机制、支持从业人员参加社会保险、保障从业人员合理劳动报酬等。[②]

综上所述，从国家层面来看，国务院及中央各部委一直高度重视社会化用工从业者权益保障相关工作。从对现实的关注到政策的制定再到局部政策的落地，相关部门对平台从业者的劳动权益保障水平逐步提升，保障覆盖面逐渐扩大，配套措施不断完善，从宏观指导上推动社会化用工从业者权益保障稳步向前，形成制度性规范。

与国家层面的政策相比，地方政府更加关注重点领域和实际行业中存在的社会化用工从业者权益保障问题。例如，北京市人力资源和社会保障局联合北京市总工会、北京企业联合会/北京市企业家协会、北京市工商业联合会于2019年8月12日出台《构建新时代北京特色和谐劳动关系重点任务推进计划》，提出健全和完善多方参与的协同治理机制，协商制定行业用工规范，制定行业劳动定额标准，签订行业性集体协议，兜住新业态从业人员基本权益的底线，促进新经济发展。发展与保障并重是北京市政府部门对新经济和新业态中社会化用工发展的明确要求。[③]2020年10月20日，《北京市人力资源和社会保障局支持多渠道灵活就业实施办法》发

---

① 国家市场监督管理总局．市场监管总局等七部门联合印发《关于落实网络餐饮平台责任切实维护外卖送餐员权益的指导意见》[EB/OL]．(2021-07-26) [2022-12-18]．https://www.samr.gov.cn/xw/zj/202107/t20210726_333061.html.

② 交通运输部，中央宣传部，中央网信办，等．关于加强交通运输新业态从业人员权益保障工作的意见 [A/OL]．(2021-11-30) [2022-12-18]．http：//www.gov.cn/zhengce/zhengceku/2021-11/30/content_5654949.htm.

③ 北京市人力资源和社会保障局，北京市总工会，北京企业联合会，等．关于印发《构建新时代北京特色和谐劳动关系重点任务推进计划》的通知 [A/OL]．(2019-08-27) [2022-12-18]．http：//rsj.beijing.gov.cn/xxgk/tzgg/201912/t20191207_951022.html.

布实施，明确提出要引导新业态相关主体与从业人员就其劳动者权益问题进行沟通协商，并强调具有调解劳动争议职责的各单位要及时了解、依法调处劳动保障违法行为，保障新就业形态下社会化用工从业者的合法劳动权益。[①]该办法从制度的层面提出了对社会化用工从业者劳动权益保障的要求，规范了快速发展的社会化用工新业态。2021年2月，北京市发改委发布《关于北京市2020年国民经济和社会发展计划执行情况与2021年国民经济和社会发展计划的报告》指出，提升新业态新模式监管能力，支持平台企业依法规范发展，加强对平台企业垄断的规制，坚决反对不正当竞争行为。[②]这是北京市政府在社会化用工蓬勃发展的同时，对其中同步产生的不规范行为进行明确约束。

与北京市的做法类似，《浙江省人民政府关于做好当前和今后一段时期就业创业工作的实施意见》（浙政发〔2017〕41号）和《杭州市人民政府关于做好新形势下就业创业工作的实施意见》（杭政函〔2018〕81号）都提出调整优化不适应新兴业态发展的制度和政策，完善适应新就业形态的用工和社会保险政策。[③]2019年10月30日，浙江省人力资源和社会保障厅发布《关于优化新业态劳动用工服务的指导意见》。该意见指出，要做好新业态下社会化用工等多种灵活性用工的监管工作，在法律的框架之下，围绕社会化用工从业人员的社会保险、职业安全以及商业保险等展开探索，争取建立更加适应当前新业态的多元化的劳动关系和用工方式，构

① 北京市人力资源和社会保障局．北京市人力资源和社会保障局支持多渠道灵活就业实施办法全文［EB/OL］．（2020-10-22）［2022-12-18］．http：//m. bj. bendibao. com/mip/282790.html.

② 谈绪祥．关于北京市2020年国民经济和社会发展计划执行情况与2021年国民经济和社会发展计划的报告［R/OL］．（2021-02-07）［2022-12-18］．http：//www.beijing.gov.cn/zhengce/zhengcefagui/202102/t20210207_2278352.html.

③ 杭州市人民政府．杭州市人民政府关于做好新形势下就业创业工作的实施意见［A/OL］．（2021-06-04）［2022-12-18］．http：//www. hangzhou. gov. cn/art/2021/6/4/art_1256357_59036033.html.

建更加完备的社会保障机制，保障新业态劳动者的合法权益。[①]2021年3月1日，《浙江省数字经济促进条例》开始实施，该条例针对新业态下的灵活性用工提出了各种约束机制，从制度层面积极探索灵活多样的用工方式，对社会化用工从业者的诸多方面做出了细致的规定，进一步保障此类从业者的合法权益。[②]

2020年5月27日，广东省人力资源和社会保障厅发布《关于支持广州推动“四个出新出彩”实现老城市新活力 推进广州人力资源和社会保障事业高质量发展的若干政策措施》，提出开展新业态从业人员职业伤害保障试点，探索建立职业伤害保障制度。[③]2020年7月30日，广东省人力资源和社会保障厅、广东省财政厅印发《广东省灵活就业人员服务管理办法（试行）》，明确在单位就业的非劳动关系人员，可以由单位为其缴纳工伤保险费，参照工伤保险规定享受工伤保险待遇权利；对未建立劳动关系、不适用现行劳动保障法律法规的灵活就业人员，应引导其与就业单位协商双方的权利和义务，合理确定服务时间、报酬、休息休假、劳动保护等基本权益，协商不一致的，引导双方通过人民调解组织、工会组织和行业协会等调解解决纠纷。[④]

2019年8月，成都市出台《关于促进新经济新业态从业人员参加社会保险的试行实施意见》。该意见梳理了5种具体的社会化用工形态，并明

---

① 浙江省人力资源和社会保障厅．浙江省人力资源和社会保障厅关于优化新业态劳动用工服务的指导意见［A/OL］.（2019-11-04）［2022-12-18］. https://www.zj.gov.cn/art/2019/11/4/art_1229429516_2403654.html.

② 浙江省人民代表大会常务委员会．浙江省数字经济促进条例［A/OL］.（2022-05-11）［2022-12-18］. http：//jxj.jinhua.gov.cn/art/2022/5/11/art_1229278699_58876876.html.

③ 广东省人力资源和社会保障厅．印发《广东省人力资源和社会保障厅关于支持广州推动“四个出新出彩”实现老城市新活力 推进广州人力资源和社会保障事业高质量发展的若干政策措施》的通知［A/OL］.（2020-05-27）［2022-12-18］. http：//hrss.gd.gov.cn/gkmlpt/content/2/2996/mmpost_2996179.html#4033.

④ 广东省人力资源和社会保障厅，广东省财政厅．广东省人力资源和社会保障厅 广东省财政厅关于印发《广东省灵活就业人员服务管理办法（试行）》的通知［A/OL］.（2021-12-31）［2022-12-18］. http：//hrss.gd.gov.cn/gkmlpt/content/3/3740/post_3740984.html#4033.

确其对应的参保方法，倡导构建政府、企业、部门、从业人员共同参与、协同治理的新就业形态工作格局，建议到2020年与新经济组织建立规范劳动关系的从业人员基本实现社会保险参保全覆盖，到2022年与新经济组织存在其他劳动关系、劳务关系或合作关系的从业人员基本实现社会保险参保全覆盖。[①]

除此之外，部分地区还围绕重点行业以及重点人群展开相关工作，规范社会化用工、保障从业者合法权益。2019年4月，常州市印发《常州市市本级新业态从业人员优先参加工伤保险试行办法》，针对物业、家政、快递业、环卫等新业态从业人员流动性大、劳动关系不稳定等发展现状，提高此类从业人员的工伤保险参与优先度，降低其保险缴费基数，同时引导社会化用工单位为从业者缴付保险费，既保障了从业者的权益，也在一定程度上减轻了企业的负担。[②]2019年8月，北京市邮政管理局会同北京市人力资源和社会保障局、北京市医保局发布《关于促进快递行业规范发展加强从业人员权益保障的通知》，围绕订立劳动合同、缴纳社会保险、支付劳动报酬、保护劳动者安全以及为劳动者提供相应福利待遇等方面对快递企业做出了一系列的规范。[③]

综上，地方政府高度关注实践层面的社会化用工从业者权益保障，通过规范细分的、不同类型的社会化用工形式，以重点行业或重点人群为切入点，逐步探索构建全方位、多层次、宽领域的社会化用工从业者权益保

---

① 成都市人民政府办公厅．成都市人民政府办公厅关于促进新经济新业态从业人员参加社会保险的试行实施意见［A/OL］．(2019-07-12)［2022-12-18］．http：//gk.chengdu.gov.cn/govInfoPub/detail.action? id=109659&tn=6.

② 常州市人力资源和社会保障局．关于印发《常州市市本级新业态从业人员优先参加工伤保险试行办法》的通知［A/OL］．(2019-04-10)［2022-12-18］．http://www.changzhou.gov.cn/gi_news/942155487771623.

③ 北京市邮政管理局，北京市人力资源和社会保障局，北京市医疗保障局，等．北京市邮政管理局 北京市人力资源和社会保障局 北京市医疗保障局关于促进快递行业规范发展加强从业人员权益保障的通知［A/OL］．(2019-08-27)［2022-12-18］．http：//www.beijing.gov.cn/zhengce/zhengcefagui/201908/t20190830_140142.html.

障体系，不断扩大新业态从业者权益保障覆盖面，强化社会化用工从业者权益保障的实际效果。

通过上述政策梳理，我们可以清晰地发现，国家与地方政府对社会化用工的监管经历了从“包容审慎”促进就业到“规范发展”完善保障的政策转向。当然，促进就业并不意味着对社会化用工行为的彻底放纵，完善保障也绝非将社会化用工中的从业者彻底拉回到标准雇佣方式中去。但是，如何在社会化用工中妥善地处理好促进社会化用工与保障从业者权益的关系成为当前政府面临的主要难题。

12.2 社会化用工治理难题

随着新就业形态劳动者群体不断扩大，“有就业无门槛、有劳动无单位、有伤残无工伤、有风险无保障”等问题日益突出，影响社会和谐稳定，触及公平正义底线。党中央、国务院对此高度重视，习近平总书记多次做出重要指示批示，要求补齐制度短板，明确平台企业劳动保护责任，维护好新就业形态劳动者权益。新经济、新就业形态中参与社会化用工的劳动者群体是一个规模庞大、利益庞杂、异质性高的群体，那么保障的对象是谁、保障什么权益以及如何保障成为政府制定劳动保障政策的难题。通过对社会化用工从业者的深度访谈，我们发现社会化用工治理难题涉及两个核心问题：一是劳动关系认定的问题；二是劳动权益保障与劳动关系绑定的问题。

在劳动关系认定方面，现行劳动法律制度对劳动关系认定的框架并不足以回应当今新业态下社会化用工单位与劳动者之间的复杂关系。我国现行的劳动法律对具体的劳动关系认定标准并没有做出明确的规定，实践中往往以原劳动和社会保障部2005年出台的《关于确立劳动关系有关事项的通知》作为劳动关系的认定依据。其中规定：“用人单位招用劳动者未订立书面劳动合同，但同时具备下列情形的，劳动关系成立。(一) 用人单位和劳动者符合法律、法规规定的主体资格；(二) 用人单位依法制定的各项劳动规章制度适用于劳动者，劳动者受用人单位的劳动管理，从事用人单位安排的有报酬的劳动；(三) 劳动者提供的劳动是用人单位业务的组成部分。”①

从学理上分析，劳动关系确立与否需要通过从属性来判断。而作为判定核心的人格从属性、作为参考的经济从属性和作为补充的组织从属性共同构成了劳动关系判断的主要考量。②其中，人格从属性主要指劳动者在劳动过程中对用工单位管理和指挥以及规章制度的遵守与服从；经济从属性主要指劳动者通过付出劳动获取劳动报酬，在经济方面对用人单位有明显的依附状态；组织从属性主要是从组织结构的角度来看，劳动者在常规意义上隶属于使用劳动的组织，即是用人单位的一员，为用人单位付出劳动。③而现行劳动关系从属性判断标准主要以工业经济范式之下的劳动者为对象。在工业经济时代，劳动时间和场所较为固定，管理制度也较为严格，且大批量、流水线的生产方式不断强化劳动者的从属性，雇佣双方的劳动关系呈现出长期、稳定的特征。④新经济、新业态中的社会化用工则呈现出新特征，以互联网平台用工为例，平台企业从业者在工作时间上自主性极高，生产工具和设备也是自行准备，劳动报酬是按照比例进行分配，业绩考核也是按照线上评分系统由消费者直接打分，而后进行奖惩。在这种工作模式下，平台与从业者通过线上协议建立合作关系或者居间关系，而非传统的劳动关系，这样就使得劳动法的适用性被大幅减弱甚至被

---

① 劳动和社会保障部．关于确立劳动关系有关事项的通知［A/OL］．(2011-07-28)［2022-12-18］．http：//www. mohrss. gov. cn/ldgxs/LDGXzhengcefagui/LDGXzyzc/201107/t20110728_86296.html.

② 肖竹．劳动关系从属性认定标准的理论解释与体系构成［J］．法学，2021（2）：160-176.

③ 林嘉．新就业形态劳动法律调整探究［M］//冯喜良．中国劳动研究：第一辑．北京：中国工人出版社，2021：1-26.

④ 田思路．工业4.0时代的从属劳动论［J］．法学评论，2019（1）：76-85.

消除。[1]因此，在司法实践中，新就业形态下的劳动关系认定无法直接以现行依据进行判定。

同时，学界关于互联网平台与劳动者之间关系的认定问题展开了一场旷日持久的讨论。有学者认为，网约车平台上的驾驶员在工作时间、工作地点、工作任务以及工作收入等方面具有极高的自主性，因此平台与驾驶员之间只有经济关系，而没有从属关系。[2]还有学者同样以网络预约出租车为例，认为网约车司机在完成工作任务的各个环节都有极强的自主选择权，平台无法对司机的劳动进行控制，因此双方之间属于劳务关系。[3]可以看出，传统劳动关系已不完全适用于新业态下的社会化用工，而劳动关系升维而来的人力资本关系则被视为数字经济时代用工的新特点。[4]平台用工存在多种学说主要是因为各派学者都试图用一种典型的规则解决全部新业态下的用工问题，而对于新兴的平台用工却只能从非典型合同的角度进行解释。[5]平台用工使得各国劳工政策都面临不同程度的挑战，各国都没有新的标准对新业态下的平台就业双方关系进行判定，用传统的方法进行判定会存在较大问题。[6]

有学者则持不同意见，认为互联网经济中用工关系的基本形态依然是传统劳动关系，这种看似松散管理、独立自主的新型的用工关系仍然具有严格控制、从属劳动的本质特征。[7]网络平台通过应用各种科技手段，对

---

① 林嘉．新就业形态劳动法律调整探究［M］//冯喜良．中国劳动研究：第一辑．北京：中国工人出版社，2021：1-26.

② 彭倩文，曹大友．是劳动关系还是劳务关系？——以滴滴出行为例解析中国情境下互联网约租车平台的雇佣关系［J］．中国人力资源开发，2016（2）：93-97.

③ 王天玉．基于互联网平台提供劳务的劳动关系认定——以“e代驾”在京、沪、穗三地法院的判决为切入点［J］．法学，2016（6）：50-60.

④ 杨伟国，韩轶之．“人工匹配”与社会化人才开发新机制［J］．中国人力资源开发，2021（10）：78-90.

⑤ 王天玉．互联网平台用工的合同定性及法律适用［J］．法学，2019（10）：165-181.

⑥ 吴清军，张艺园，周广肃．互联网平台用工与劳动政策未来发展趋势——以劳动者身份判定为基础的分析［J］．中国行政管理，2019（4）：118-125.

⑦ 常凯，郑小静．雇佣关系还是合作关系？——互联网经济中用工关系性质辨析［J］．中国人民大学学报，2019（2）：78-88.

看似时间、地点自由的工作进行了严密的监督与严格的管理，相比过去，在实际控制力上有过之而无不及。[①]

还有学者从社会风险化解的视角提出，社会化用工的去劳动关系化使得过去由社会分担的风险转换为由个体承担，可根据新型用工的实质而非外在形式对是否构成劳动关系进行判定。[②]

也有学者围绕"三分法"进行了讨论，提出仿照起源于德国的"类雇员"概念，增设中间类型劳动者，推动劳动法律向"从属性劳动—经营性劳动—独立性劳动"的"三分法"转型，从社会化用工从业人员所具有的劳动自主性和灵活性等典型用工特征出发，进行制度设计和构建，以填补"劳动二分法"下出现的灵活就业的制度空白[③④]，但"三分法"下存在类型界定模糊、权益配置复杂以及制度负效应的可能性[⑤]。因此，在社会化用工劳动关系认定的过程中，"三分法"也存在很多难以解决的问题。

除了劳动关系认定难，社会化用工治理的另一难题在于劳动者权益保障和劳动关系绑定，致使社会化用工从业者的劳动者权益保障严重缺失。在我国，劳动关系、劳动权益和社会保险在制度上存在极强的对应和捆绑关系[⑥]，劳动者享受各项权益保障的前提是与用人单位存在明确的劳动关系。而在社会化用工的实践中，很多情况下，实际用工单位往往以交易信息的提供者和居间人自居，在法律上无法认定其与从业人员存在管理、指示、命令的关系。部分企业通过社会化用工的方式刻意规避用工成本和用工风险。因此，社会化用工从业者与企业之间的关系存在应然和实然状态

① 谢增毅．互联网平台用工劳动关系认定［J］．社会科学文摘，2019（2）：77-79．

② 范围．网络平台用工模式对社会风险分担机制的冲击及其化解路径［J］．中国法律评论，2018（6）：132-135．

③ 王天玉．互联网平台用工的"类雇员"解释路径及其规范体系［J］．环球法律评论，2020（3）：85-100．

④ 班小辉．"零工经济"下任务化用工的劳动法规制［J］．法学评论，2019（3）：106-118．

⑤ 肖竹．第三类劳动者的理论反思与替代路径［J］．环球法律评论，2018（6）：79-100．

⑥ 肖竹．第三类劳动者的理论反思与替代路径［J］．环球法律评论，2018（6）：79-100．

相分离的现象。其中，互联网平台用工方式就存在这种情况，平台借助互联网技术实现了社会化用工，但对劳动者的管控内容和力度并不比雇佣关系中的少，因为数字技术隐蔽了雇主，致使平台和劳动者之间的用工关系扑朔迷离。在我国劳动法律保障政策体系下，用工关系应然和实然状态的不一致导致本应该享受劳动者权益的劳动者被剥离在劳动法律的保护之外。从我们对社会化用工的定义来看，社会化用工中的从业者与用人单位之间并不具有传统意义上的劳动关系，因而无法享受相应的劳动者权益。

第一，社会化用工从业者缺乏劳动基准保护。这主要表现在收入不稳定且无最低工资保障、工作时间超长以及无休息休假制度的保障。收入不稳定主要是由于对社会化用工从业者工作量需求的波动、平台补贴和抽成规则的变化以及从业者投入生产资料成本的变动等。工作时间超长主要是由新业态下无底薪制和平台抽成比例高所导致的。社会化用工从业者在延长工作时间的过程中，等待平台派单或者自己找寻工作任务的时间也增加了其工作总时长。无休息休假制度的保障主要是由于很多平台从业者的在线工作时间受到平台的严格要求，休息休假都需提供证明，从业人员没有带薪休假的福利，病假、事假以及法定节假日期间均无休假工资。

第二，社会化用工从业者的职业伤害风险高但救济与保障不足。由于工作时间超长导致紧张疲倦的工作状态，加上平台对完成订单任务有时间要求，很多平台从业者尤其是交通出行和外卖配送从业者发生意外伤害的风险极高，而其他社会化用工从业人员由于无法被认定劳动关系而也被排除在社会保险覆盖范围之外，即使有部分企业以购买商业保险的方式对社会化用工从业者进行保障，但其保障力度不足，覆盖面及赔偿额都无法满足社会化用工从业者的保障需求。

第三，社会化用工从业者缺乏职业技能培训。在新业态的商业模式中，用工方为从业者提供职业技能培训的意识弱、主动性差，而数字经济本身的特征又要求社会化用工从业者不断提升职业技能，以获得更多的职业发展机遇。

第四，社会化用工从业者受到很多不合理的规章制度的约束。社会化用工企业为了提高客户满意度，可能通过各种方式不断加强对从业者的管理与控制，而从业者则面临不合理规章制度的约束，比如因客户的不合理投诉被处罚，为满足过分严苛的时间限制而采取不规范操作的危险行为等，但社会化用工企业在制定这类规章制度时并不会向劳动者征求意见。

第五，社会化用工从业者养老保险、医疗保险的保障不足。社会化用工从业者自愿参保的原则，使得很多劳动者存在不参保、漏保、断保现象，即使参保，也往往选择低水平的保险，不足以解决未来年老或生病时的基本经济问题。

第13章

寻求多方主体间的平衡

党的二十大报告指出："实施就业优先战略……使人人都有通过勤奋劳动实现自身发展的机会……完善促进创业带动就业的保障制度，支持和规范发展新就业形态。健全劳动法律法规，完善劳动关系协商协调机制，完善劳动者权益保障制度，加强灵活就业和新就业形态劳动者权益保障。"在新型冠状病毒持续肆虐全球、国际局势动荡、全球经济下行趋势明显的背景下，众多行业企业遭受重创，并面临生存和发展危机，劳动者的就业成为关系我国民生福祉的重大问题。面对全球市场的经济波动，稳经济、促就业成为我国政府确保国家经济稳定运行、社会稳定的重要战略。

对于企业而言，变幻莫测的经济环境、快速迭代的数字技术向企业原有的组织绩效实现路径提出挑战。与此同时，"人力资本正在成为这个星球上最为稀缺的一种资源"[①]。华为公司创始人任正非曾指出"要重视对人的研究，让他在集体奋斗的大环境中去充分释放潜能，更有力、有序地推动公司前进"，这足以显示人力资本对于组织绩效的重要性。

现有关于组织行为、人力资源管理、绩效管理方面的研究强调组织内部激励对组织绩效的影响，而忽略了组织外部存在大量可链接的人力资本。他们所拥有的学识、经验、技能以及解决问题的能力，能够为组织绩效的提升带来巨大帮助。此外，他们的社会关系网络也是组织绩效提升的关键性要素。因此，社会化用工成为企业跨越组织边界、链接人力资本、提高组织绩效的用工方式。企业为了满足临时性的工作需求、节约用工成

① 阿什肯纳斯，尤里奇，吉克，等．无边界组织：移动互联时代企业如何运行［M］．姜文波，刘丽君，康至军，译．2版．北京：机械工业出版社，2020.

本、提高生产效率以及获取外部资源等而选择社会化用工。

在数字经济范式下，互联网、智能终端、云计算成为具有代表性的基础设施，数字化的知识和信息成为企业的核心生产要素。劳动者不再是劳动力市场中同质化的“无产者”，而是人力资本市场中拥有丰富人力资本和社会资本的“有产者”。劳动者既具备利用其人力资本获取收入的能力，又拥有充分利用其人力资本获取收入的需求。正如第11章所述，劳动者参与社会化用工的动机主要包括三个方面，即经济性动机、个人职业发展动机以及就业偏好。其中，经济性动机包括劳动者期望通过参加社会化用工增加收入、增加社会保障以及降低投资风险；个人职业发展动机包括劳动者期望通过社会化用工增加自己的工作经历和相关工作经验，提升个人的工作能力和综合素质，增加人际关系等社会资本；就业偏好包括劳动者偏好工作自主性，能够在社会化用工过程中平衡工作与生活的关系、工作与健康的关系，以及行业职业偏好和工作环境氛围偏好。劳动者通过参与社会化用工增加了收入、提高了生活品质，实现工作与家庭的平衡，增加了工作经验和经历，获得了更多的人际关系资源和平台发展机会。社会化用工方式是企业和劳动者自发形成的市场交易选择。社会化用工有利于企业弥补劣势，提高组织绩效，有助于劳动者获取收入，增加就业机会。社会化用工对个体劳动者的就业效应和价值扩大至整个劳动力市场则成为国家稳定就业、促进经济和社会和谐稳定的重要“蓄水池”。

鉴于当前社会化用工方式对国家、企业以及劳动者的现实意义，我们需要对社会化用工方式进行全面、深入的了解。为了解什么是社会化用工、它在概念体系中的位置以及企业使用社会化用工的情况，我们在回顾与梳理国内外与社会化用工相关的学术研究进展的基础之上，采用问卷调查和半结构式深度访谈收集资料。本书结合文献和实证材料两方面的内容，着重对社会化用工的定义、特征，企业采用社会化用工的岗位、用工模式、用工渠道、结算方式以及用工管理等方面进行整体概述和分析。

社会化用工是企业通过与工作市场中的劳动者建立工作关系、合作关系或合伙关系以获取劳动力、信息、知识、技术、顾客、供应商等生产经营所需资源的一种用工方式。作为非劳动关系的统称，社会化用工属于替代性工作安排概念下的一个子概念。社会化用工方式的产生与发展是生产技术进步、劳动者就业观念转化以及经济全球化使得市场竞争加剧等综合因素作用的结果，并呈现出劳动者与企业之间资源互补、用工模式多样、用工渠道多元以及关系松散等特点。

企业的社会化用工模式受业务/工作的难易程度和所需人力资本存量的影响，包括劳务派遣、业务外包、合作用工与合伙用工四种模式。社会化用工模式不同，结算方式也会不同。结算方式主要分为按工作成果付费、按工作量付费、按收益分成以及按利润分成。企业的用工模式和结算方式不同，社会化用工渠道以及劳动者与企业之间的关系属性亦会存在差异。在社会化用工中，企业与劳动者之间的关系主要包括工作关系、合作关系和合伙关系。

在此基础上，我们对比分析了社会化用工在不同行业以及相同行业不同企业间的使用情况，也着重分析了参与社会化用工的劳动者的人口学特征及工作状况，以期对政府、用工企业、人力资源服务机构以及劳动者提出富有建设性的建议和意见。

13.1 政府：顺应新形势的同时保障劳动者权益

对大多数国家来说，数字经济及其所带来的长期影响还是一个未知领域，现行的政策法规未必能够跟上正在快速转型的经济和社会的步伐。[①] 从全球范围来看，目前尚未出现应对极具灵活性的社会化用工的发展模式和规范方式。在我国，数字经济背景下的社会化用工极大地促进了社会经

① UNCTAD. Digital economy report 2019［R］. New York：UNCTAD，2019.

济的发展，但社会化用工从业者的劳动权益也急需保障。我国政府已经认识到新经济发展带来的就业机会，也逐渐意识到已有制度及相关劳动法律法规在加强新就业形态群体权益保障方面存在不足。

随着数字经济的发展，在成本和技术的“推拉”作用下，企业用工方式日益多样化。在社会化用工模式下，工作任务的颗粒化程度越来越高，人与工作任务的匹配也随之越来越精细。这种人与具体工作任务（而非工作岗位的全部职责）的匹配导致了人和组织之间关系的分化，工业经济范式下的雇佣关系已经不足以涵盖数字经济范式下一个人与不同社会经济单位（雇主、客户、网络平台等）之间的关系。因此，用现有的框架去解决社会化用工从业者的权益保障问题，只是一个权宜性、暂时性的解决方案。

在数字经济范式下，人力资本关系除了包括传统的劳动关系外，还包含合作关系、工作关系、合伙关系等。我们不能以传统的雇佣模式来审视新就业形态，更不能让新就业形态成为劳动者权益保障缺失的代名词。因此，应当在人力资本关系的框架之下讨论新就业形态从业者的相关问题。

从长远来看，凡是劳动者，其权益都应当受到保障，即使不存在劳动关系，仍应讨论在人力资本关系之下，如何保障付出劳动的人群的相关权益。为此，可采取建立全民社会保障账户或社会救助等方式，对所有从业者的权益给予全面、恰当的保障；加快探索建立基于自然人的工作交易平台的新社会保障体系，放宽社会化用工从业人员参保条件，确保每一个劳动者、每一次工作交付都被纳入新社会保障体系之中，形成覆盖全部工作任务的社会保障体系。在此过程中，政府、企业与劳动者个人都应当承担起部分责任，这样才能更全面、高效地促进经济乃至整个社会的可持续、高质量发展。具体来看，我们建议从以下几方面着力：

首先，政府扶持企业，特别是中小微企业的发展，实现就业的动态稳定性。一方面，政府应该加大对中小微企业的政策保护力度，“放水养鱼”为企业纾困，如适当减免企业的房租、融资成本以及社保费用等，从外围为企业减负，保证企业“活下来”；另一方面，解决参与社会化用工工作的劳动者的保障问题和职业技能提升问题，让劳动者在制度保障中能够自食其力和发挥创造力，同时提升其消费能力。这样，从节约用工成本和促进产品消费两方面带动企业“发展下去”。

其次，在数字经济范式下，国家的劳动法律治理体系应当与时俱进。科学技术的发展在带来便利的同时给传统的产业、关系、制度带来了挑战。工作越来越灵活多样，关系越来越多元化，劳动者的从属性越来越弱，劳动者同时服务的雇主越来越多，自雇劳动者和灵活就业劳动者越来越多，政府的劳动保护政策应该进行变革以顺应这种发展趋势。我们需要将公共治理和平台治理结合，在宏观层面坚持政府的公共治理，搭建适用于人力资本市场的劳动法律制度体系和互联网基础设施，在微观层面实施平台治理，构建基于平台的劳动标准和劳动条件，保障平台相关从业劳动者的劳动安全性（见图13-1）。

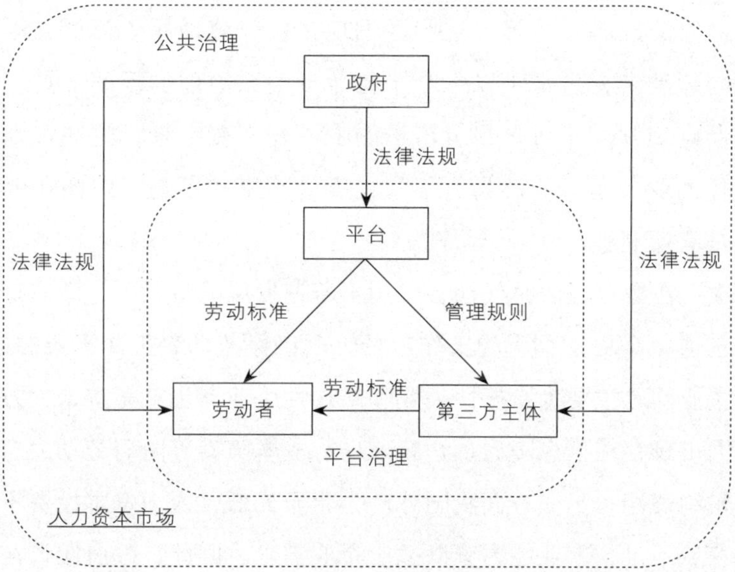

图13-1　数字经济范式下的劳动法律治理体系

公共治理是指政府作为劳动关系治理主体，以制定法律法规为治理手段，将政治权威和宏观经济调控作为法律制度贯彻落实的保障。在数字经济范式下，政府在设计劳动法律制度体系时要脱离传统雇佣关系，明晰人力资本市场中参与主体的权利和义务，保障劳动者的劳动安全性。在此基础之上，政府通过法律制度确定平台的主体责任，并通过行政手段约束平台履责，确保平台治理能够切实保障劳动者的劳动安全性。

平台治理则是平台在法律制度的基础上，通过制定平台的规章制度，对第三方主体（供应商、加盟商、在平台上进行商业推广的商户等）和平台企业自身（的直接用工部门）的用工标准和劳动条件进行规制和调整，从而保障在平台上从事社会化用工的劳动者的劳动安全性。在微观层面实施平台治理具有以下三点好处：一是平台具有入口垄断权，可以有效控制平台上第三方主体的行为。二是平台能够对数据进行控制。平台拥有商户和劳动者的海量的行为数据，比如工作/上线时间、工作强度、服务质量、工作绩效、进步趋势，以及由劳动者的劳动直接带来的商家的经济收益等。这些数据现在被部分地用于评价、服务和管理商户与劳动者，未来可以作为平台劳动关系治理的重要工具。三是平台有权制定规则。平台是线上市场的唯一规则制定者，这些规则对于第三方主体的业务运营状况具有不同程度的约束和影响，因此在劳动关系治理上具有便利性。

再次，在数字经济时代社会化用工普遍发展的背景下，政府首先应该致力于创造一个更加稠密的工作市场，以确保劳动者工作机会的连续性。我国的失业问题主要为摩擦性失业和结构性失业。也就是说，一方面我国的劳动力市场存在信息障碍、户籍障碍、成本障碍等阻碍劳动力自由流动的体制机制弊端；另一方面我国劳动力素质偏低，人力资本投资不足，人力资本存量不足，就业能力难以适应企业需求。因此，政府应该在扫清体制机制障碍的同时，“授人以渔”，在“保基本”的基础之上，将侧重点放在“促就业”上，从提升劳动者劳动能力方面入手，充分利用失业保险基金，建立健全职业介绍服务体系和职业培训教育系统，促进劳动力就业能力的全面提升。[①]政府应与高校、产业部门合作，将工作能力的需求传递给学校，推动优化教学、优化专业设置、优化大学、优化教育系统。此外，政府还需要加强虚拟学习平台建设，推广互联网与教育机构相结合的分布式终身学习模式。政府应该鼓励易市场的力量推动劳动者的职业技能培训，并建立工作能力提升和迁移体系。

最后，政府应加快探索建立有利于社会化用工发展的新型社会保障体系。“捆绑”于标准雇佣关系上的社会保险制度应当“松绑”，政府应当运用信息技术平台，提升社会保障的灵活性，探索建立基于工作任务交易平台的社会保险制度体系，实时根据劳动者的工作交易提取社会保险费用，并根据劳动者未工作的期限对其进行社会保障和就业再促进。

13.2 用工企业：建立打破组织边界的战略思维

从企业角度而言，社会化用工看似是简单地使用外部劳动者的行为，其本质是企业战略的延伸，要与企业的发展战略连为一体。企业战略规划的重点在于对未来趋势的判断和把握，企业可以从以下六个方面考虑发展战略：企业所在地行业发展情况、竞争对手发展情况、客户需求情况、当地政府的政策情况、当地劳动力市场情况以及企业内外部资源状况。企业的内外部资源包括资金资源、政治资源、技术资源、媒体资源、人力资源等。本书为企业提供一种提升组织绩效的战略管理思路——建立一个无边界组织。

在工业经济时代，企业成功的因素在于规模、专业化、角色的清晰度以及控制等，但到了数字经济时代，速度、灵活性、整合以及创新等因素

① 赵磊，刘文华．失业保险法律规制与实践［J］．中国劳动，2018（5）：33-41.

主宰着企业的成功。企业需要在瞬息万变的市场环境中及时调整发展方向和经营策略，满足顾客个性化的消费需求。

科层制是企业从工业经济时代一直沿用至今的组织管理模式。在这种模式下，企业存在四类边界，即垂直边界、水平边界、外部边界和地理边界。垂直边界是指企业内部的层级，用来区分地位、职权和权力范围（控制范围、权力界限以及等级制度等）。组织成员的权力大小与层级成正比。水平边界是组织职能、岗位之间的边界。水平边界的存在导致组织成员认为部门经营目标大于组织总体经营目标。外部边界是指组织将供应商、顾客、政府等利益相关主体隔离在组织之外，明确界定出“自己人”和“他人”间的区别，这会“斩断”组织“借用”他人力量办自己之事的能力，从而降低组织的生产绩效。地理边界是指企业在不同的市场或者地区经营的情况下，因为文化差异、民族自豪感、市场特性或者全球交通物流边界而无法融入当地市场、运用当地知识来扩大总体成功。地理边界随着经济全球化、产品标准化以及互联网等数字技术的进步正在快速消失。[①]

企业要在数字经济时代获得成功，就需要消除组织的四类边界。由于本书主要论述社会化用工，因此我们重点介绍如何消除外部边界。

外部边界的实质为企业边界。经济学家科斯从交易成本的角度帮助我们理解企业边界。他认为企业的边界来自企业内外成本的比较，当企业的内部成本高于市场交易成本时，企业边界就会缩小或者消失，即市场代替企业；当企业的内部成本低于市场交易成本时，企业得以存在或是扩大，企业替代市场。美国经济学家契斯则从企业能力的角度界定企业的边界，即能力的适用边界。这里的能力是指企业整合、塑造、重组内部和外部竞争力以应对不断变化的环境的整体能力。由此可见，组织的能力在于协调行动的能力，也就是管理控制能力。组织边界是实质意义上的，而非形式

---

① 阿什肯纳斯，尤里奇，吉克，等．无边界组织：移动互联时代企业如何运行［M］．姜文波，刘丽君，康至军，译．2版．北京：机械工业出版社，2020.

上的。当组织协调管理外部组织或个人行为时，则意味着组织边界的突破和消弭。

“核心竞争力”理论的创始人之一普拉哈拉德认为，企业原来的竞争力源于企业内部资源的有效激发，而企业未来竞争力则来自对组织外部资源的有效整合。今天的企业与工业经济背景下的企业最大的不同点在于企业要有弹性。组织要不断调整自己以适应市场变化的需求，因此企业需要对外界开放并与外界合作的结构。而如何整合外部资源、如何重构企业边界、如何让企业更具柔性和应变能力等，均是企业需要回答的问题。

本书阐述的社会化用工为企业打破组织外部边界、有效整合外部资源提供了一种思路和方式。企业通过社会化用工能够与工作市场中的劳动者建立工作关系、合作关系或合伙关系，以达到获取劳动力、信息、知识、技术、顾客、供应商等生产经营所需资源的目的。企业能获取的资源既是企业战略规划的依据，又是企业落实战略的基础。企业通过改变用工方式获取外部资源，顺应瞬息万变的外部环境的需要，通过对外部资源的整合提高生产和组织的柔性和弹性。因此，社会化用工可以成为企业制定和实施企业战略的抓手。

企业采用社会化用工方式存在一个挑战：能不能整合更多的外部资源、更多的人力资本去应对外部环境中的不确定性，在不确定性中寻求确定性。

由于企业具有异质性，企业在实践中需要连接的人力资本的情形具有差异性，需要针对具体问题提供针对性管理方案。这里我们提出几个社会化用工的应用原则以供参考。第一，熟练运用社会化用工模式，根据不同的人力资本施以不同的用工模式；第二，把握好企业和劳动者之间弹性和黏性关系的度；第三，“管理”好社会化用工参与者，使其能够在不稳定的关系中创造出稳定的工作成果。

此外，从企业发展的可持续性和社会责任的角度而言，企业还要保证参与社会化用工的劳动者有足够的利润空间以实现自己的人力资本再投资，通过市场的力量完善劳动者的职业技能培训，避免“竭泽而渔”。

13.3　人力资源服务机构：为社会化用工保驾护航

从我们对部分人力资源服务机构的主营业务分析来看，人力资源服务行业的发展呈现出两种趋势：

一是人力资源服务机构的业务向专业化和平台化方向发展。专业化是指人力资源服务机构将自己擅长的或者核心的业务做精做细，建立企业在该细分市场的品牌地位。例如，人才招聘领域的前程无忧、智联招聘；高端人才招聘领域的瀚纳仕、罗致恒富；人力资源管理咨询领域的怡安翰威特和韦莱韬悦。平台化是指企业整合各种资源，将行业领域内的大部分业务集中于企业内部，形成规模效益。例如，中智、万宝盛华、美世、FESCO、博尔捷、科锐国际、红海等。

二是人力资源服务机构提供注重员工福利的人力资源方案以及灵活化的用工解决方案。随着全球化的发展、技术的进步以及劳动法律对雇主义务的规制，企业的用工模式向人性化雇佣和灵活多样方向发展：企业将边际用工成本大于边际绩效产出的劳动者“排除”在组织外部，采用社会化用工模式以降低用工成本；将边际用工成本小于边际绩效产出的劳动者留在组织内部，采取人性化的人力资源管理以提高员工的忠诚度。这种用工模式的变化影响着人力资源服务机构的业务发展方向。例如ADP、美世、怡安翰威特、韦莱韬悦等均注重为客户提供促进企业、员工共同发展的人力资源咨询业务；博尔捷、红海、科锐国际、用友薪福社等为客户提供灵活化的用工解决方案。在互联网技术高速发展和普及应用的今天，类似于社会化用工的业务在很多人力资源服务机构展开。

从事社会化用工相关业务的人力资源服务机构存在两种发展路径：一是横向发展，成为某一行业内为企业提供社会化用工整体方案从而为其整合外部资源、解决生产经营问题的服务机构；二是纵向发展，成为行业内社会化用工技术或业务模块的提供商。

若人力资源服务机构选择横向发展路径，则需要考虑以下三个问题：第一，储备并掌握某一行业内的各类人力资本信息，这是提供社会化用工整体解决方案的前提条件。在大数据时代，基于互联网上的海量信息，人力资源服务机构利用大数据技术可以对各行业的人力资本信息进行抓取，与各类劳动者建立合作关系，随时为客户提供精准且高效的人力资本匹配服务，提高企业的绩效，进而促进整个社会生产效率的提升。

第二，开发某一行业内的人力资本。商品市场的需求会影响企业对人力资本的需求，因此商品市场的需求不确定性会导致企业对人力资本的需求产生不确定性。从参与社会化用工的劳动者的角度来说，拥有企业所需的知识、技能和技术等显得至关重要。从行业企业用工需求的角度来说，人力资源服务机构可以根据已经掌握的行业对外部人力资本的需求信息，为从事社会化用工的劳动者提供具有针对性的专项培训，实现工作/岗位与人力资本的快速匹配，从而在满足企业的用工需求、增加劳动者的就业机会、获取额外的报酬机会的同时解决劳动力市场中的结构性失业问题。

第三，为企业提供社会化用工整体解决方案。如何获得并利用好外部人力资本解决企业经营发展问题是社会化用工企业的共同需求。在获得人力资本信息、开发人力资本的基础上，人力资源服务机构可以根据客户的用工现状、用工成本以及用工需求等为其提供包括多种模式的社会化用工方案，帮助其解决经营发展问题。

人力资源服务机构若是选择纵向发展路径，成为行业内社会化用工技术或业务模块的提供商，则可以开发更为精细化的功能产品、服务不同类型的客户群体，不仅直接为中小企业服务，也可以为其他人力资源服务机构提供社会化用工领域的专业性服务，还可以开拓用工结算、用工风险控制、相关技术软件研发方面的业务。

13.4　社会化用工从业者：努力提升人力资本存量

还未参与社会化用工的劳动者可以主动了解社会化用工大背景下的就业形势，改变就业观念并尝试融入新的就业模式，顺应时代趋势。2020年新冠肺炎疫情的暴发促使很多劳动者产生了“副业刚需”的想法，他们发现不能将自己的全部收入来源或者职业生涯“放在一个篮子里”。越来越多的劳动者在全职工作或者主业之外选择从事一种副业来增加收入，避免失业或者收入减少给生活造成影响。此外，劳动者在参与社会化用工之前还应该选择社会化用工的企业和提供社会化用工服务的人力资源服务机构，选择合适的岗位/工作以及工作时间，在提高自身的收入水平的同时，确保工作与生活、工作与健康之间的平衡。

参与社会化用工的劳动者应当不断增强专业技能，提升自身的人力资本存量，以适应市场化和社会化就业形势，以更加碎片化的技能组合方式来满足工作市场对劳动者个人素质的全面要求。此外，劳动者还可以参加与本职工作相关联的培训，拓展以核心技能为主的其他工作技能，以便快速适应新的工作要求。

参与社会化用工的劳动者还应该增强法律意识，切实维护自身合法权益。在社会化用工模式下，劳动者可能会遇到一些以前从未遇到的法律问题，如劳动者工作时间太长、劳动安全卫生保障不足、社会保险缺失等，从而使得本就不强势的劳动者处于更加弱势的地位，这样既不利于个人就业，也不利于企业的长远发展，还会阻碍社会化用工模式的健康成长。因此，劳动者要主动学习相关的法律法规，认真领会国家关于社会化用工的政策和文件精神，合理运用法律武器，妥善处理争议，维护自己的合法权益。

参考文献

[1] LEPAK D P, SNELL S A. The human resource architecture: Toward a theory of human capital allocation and development [J]. The Academy of Management Review, 1999, 24 (1): 31-48.

[2] 李心萍，谢卫群，王沛，等. 抓好就业这项最大民生工程 [N]. 人民日报，2019-03-04（11）.

[3] 金晨. 中国灵活就业者已达2亿人，线上工作受到年轻人追捧 [N]. 人民日报（海外版），2022-02-09（08）.

[4] 人力资源和社会保障部职业能力司. 关于对拟发布新职业信息进行公示的公告 [EB/OL].（2020-05-11）[2022-12-18]. http: //www.mohrss.gov.cn/SYrlzyhshbzb/zwgk/gggs/tg/202005/t20200511_368176.html.

[5] 人力资源和社会保障部职业能力司. 关于对拟发布集成电路工程技术人员等职业信息进行公示的公告 [EB/OL].（2020-05-11）[2022-12-18]. http: //www.mohrss.gov.cn/SYrlzyhshbzb/zwgk/gggs/tg/202101/t20210115_407761.html.

[6] 中国人民大学劳动人事学院. 滴滴平台新就业报告（2020）[R]. 北京：中国人民大学，2020.

[7] 张成刚. 就业变革：数字商业与中国新就业形态 [M]. 北京：中国工人出版社，2019.

[8] 郭娜. 中国灵活用工占比9% 发展空间巨大 [N]. 劳动报，2019-12-09（06）.

[9] 佚名.《灵活多样就业形式研究》课题报告摘要 [EB/OL].（2015-11-12）[2022-12-18]. http: //www.maxlaw.cn/l/20151112/833584680208.shtml.

[10] 杨伟国，张成刚，辛茜莉. 数字经济范式与工作关系变革

[J]. 中国劳动关系学院学报，2018（5）：56-60.

[11] SHEVCHUK A，STREBKOV D，DAVIS S N. The autonomy paradox：How night work undermines subjective well-being of internet-based freelancers [J]. ILR Review，2019，72（1）：75-100.

[12] 董保华. 灵活用工也需中国模式 [J]. 人力资源，2016（11）：30-32.

[13] KATZ L F，KRUEGER A B. The rise and nature of alternative work arrangements in the United States，1995-2015 [J]. ILR Review，2019，72（2）：382-416.

[14] 国际劳工局. 世界非标准就业：理解挑战，塑造未来 [R]. 日内瓦：国际劳工组织，2017.

[15] KALLEBERG A L. Precarious live：Job insecurity and well-being in rich democracies [M]. Cambridge，UK：Polity Press，2018.

[16] 粟瑜，王全兴. 我国灵活就业中自治性劳动的法律保护 [J]. 东南学术，2016（3）：104-113.

[17] FARINA E，GREEN C，MCVICAR D. Zero hours contracts and their growth [J]. British Journal of Industrial Relations，2020，58（3）：507-531.

[18] CIPD. Zreo hours and short hours contracts in the UK：Employer and employee perspectives [R]. London：Chartered Institute of Personnel and Development，2015.

[19] LAKHANI T，KURUVILLA S，AVGAR A. From the firm to the network：Global value chains and employment relations theory [J]. British Journal of Industrial Relations，2013，51（3）：440-472.

[20] CRUZ K，HARDY K，SANDERS T. False self-employment，autonomy and regulating for decent work：Improving working conditions in the UK stripping industry [J]. British Journal of Industrial Relations，2017，55

（2）：274–294.

［21］DE STEFANO V. The rise of the just - in - time workforce：On - demand work，crowdwork and labour protection in the gig-economy［Z］. ILO Working Paper No.71，2016.

［22］ALOISI A. Commoditized workers：Case study research on labor law issues arising from a set of "on - demand/gig economy" platforms［J］. Comparative Labor Law and Policy Journal，2016，37（3）：620–653.

［23］BERG J，DE STEFANO V. Beyond "causal work"：Old and new forms or casualization in developing and developed countries and what to do about it［Z］. Presentation at the Ⅳ Regulating for Decent Work Conference，Geneva：ILO，2015.

［24］OECD. Employment outlook 2002［M/OL］. Paris：OECD，2002：127–185［2022–12–18］. http：//www.oecd.org/dataoecd/36/8/17652675.pdf.

［25］李强，唐壮. 城市农民工与城市中的非正规就业［J］. 社会学研究，2002（6）：13–25.

［26］CAPPELLI P，KELLER J R. Classifying work in the new economy［J］. Academy of Management Review，2013，38（4）：575–596.

［27］杨伟国，吴清军，张建国，等. 中国灵活用工发展报告（2022）［M］. 北京：社会科学文献出版社，2021.

［28］ADAMS Z，DEAKIN S. Institutional solution to precariousness and inequality in labour markets［J］. British Journal of Industrial Relations，2014，52（4）：779–809.

［29］KALLEBERG A L. Precarious live：Job insecurity and well-being in rich democracies［M］. Cambridge，UK：Polity Press，2018.

［30］BOYER R. The search for labour market flexibility：The European economics in transition［M］. Oxford：Clarendon Press，1988.

［31］熊易寒. 集权化市场、弹性积累与劳工政治的转型［J］. 复旦

政治学评论，2016（1）：113-130.

[32] HAVEY D. The condition of postmodernity [M]. Oxford: Blackwell Publishers Ltd，1990.

[33] HARRISON B. Lean and mean: Why Large corporations will continue to dominate the global economy [M]. New York: Guilford Press，1997.

[34] SILVER B J. Forces of labor: Workers' movements and globalization since 1870 [M]. Cambridge: Cambridge University Press，2003.

[35] 潘毅. 中国女工——新兴打工阶级的呼唤 [M]. 任焰，译. 北京：九州出版社，2011.

[36] International Labour Organization. Women and men in the informal economy: A statistical picture [M/OL]. Geneva: ILO，2002 [2022-12-18]. https: //www. ilo. org/wcmsp5/groups/public/---dgreports/---dcomm/documents/publication/wcms_626831.pdf.

[37] MASELLI I，LENAERTS K，BEBLAVY M. Five things we need to know about the on-demand economy [Z]. Centre for European Policy Studies Essay，2016.

[38] 张成刚. 新就业形态的类别特征与发展策略 [J]. 学习与实践，2018（3）：14-20.

[39] CAPPELLI P，KELLER J R. Classifying work in the new economy [J]. Academy of Management Review，2013，84（4）：575-596.

[40] 钱叶芳. 非标准雇佣与非正规就业：区分、交集与调整 [J]. 中国劳动，2018（4）：57-62.

[41] LEVY F，MURNANE R J. The new division of labor: How computers are creating the next job market [M]. Princeton，NJ: Princeton University Press，2004.

[42] 杨伟国，韩铁之．“人工匹配”与社会化人才开发新机制 [J]．中国人力资源开发，2021 (10)：78-90.

[43] 刘文华，赵磊．业务外包劳动法律规制研究 [J]．中国劳动，2017 (11)：4-10.

[44] FAMA E F, JENSEN M C. Separation and ownership and control [J]. Journal of Law and Economics, 1983, 26 (2): 301-325.

[45] 李克强．政府工作报告——2017年3月5日在第十二届全国人民代表大会第五次会议上 [EB/OL]．(2017-03-16) [2022-12-18]．http://www.gov.cn/premier/2017-03/16/content_5177940.htm.

[46] 国务院办公厅．国务院办公厅关于深化改革推进出租车汽车行业健康发展的指导意见 [A/OL]．(2016-07-28) [2022-12-18]．http://www.gov.cn/zhengce/content/2016-07/28/content_5095567.htm.

[47] 交通运输部，工业和信息化部，公安部，等．网络预约出租汽车经营服务管理暂行办法 [A/OL]．(2022-12-06) [2022-12-18]．http://www.gov.cn/zhengce/2022-12/06/content_5730384.htm.

[48] 李克强．2020年政府工作报告——2020年5月22日在第十三届全国人民代表大会第三次会议上 [EB/OL]．[2022-12-18]．http://www.gov.cn/guowuyuan/2020zfgzbg.htm.

[49] 中共中央，国务院．中共中央 国务院关于新时代加快完善社会主义市场经济体制的意见 [A/OL]．(2020-05-18) [2022-12-18]．http://www.gov.cn/xinwen/2020-05/18/content_5512696.htm.

[50] 国务院办公厅．国务院办公厅关于支持多渠道灵活就业的意见 [A/OL]．(2020-07-28) [2022-12-18]．http://www.gov.cn/gongbao/content/2020/content_5535320.htm.

[51] 中共中央．中共中央关于制定国民经济和社会发展第十四个五年规划和二〇三五年远景目标的建议 [A/OL]．(2020-11-03) [2022-12-18]．http://www.gov.cn/zhengce/2020-11/03/content_5556991.htm? trs=1.

[52] 国务院办公厅. 国务院办公厅全国深化“放管服”改革优化营商环境电视电话会议重点任务分工方案［A/OL］.［2022-12-18］. http: //www.gov.cn/zhengce/zhengceku/2020-11/10/content_5560234.htm.

[53] 上海市人民政府. 上海市人民政府关于进一步做好稳就业促发展工作的实施意见［A/OL］.（2020-06-11）［2022-12-18］. http: //rsj.sh.gov.cn/txgszfgz_17262/20200617/t0035_1388410.html.

[54] 湖南省人民政府. 湖南省人民政府关于做好当前和今后一段时期就业创业工作的实施意见［A/OL］.（2017-10-16）［2022-12-18］ http: //www. hunan. gov. cn/hnszf/xxgk/wjk/szfwj/201710/t20171016_4824761.html.

[55] 宁夏回族自治区人民政府办公厅. 自治区人民政府办公厅关于支持多渠道灵活就业的实施意见［A/OL］.（2022-01-14）［2022-12-18］. https: //www.nx.gov.cn/zwgk/gfxwj/202101/t20210114_2570637.html.

[56] 国务院办公厅. 国务院办公厅关于促进平台经济规范健康发展的指导意见［A/OL］.（2019-08-08）［2022-12-18］. http: //www.gov.cn/zhengce/content/2019-08/08/content_5419761.htm.

[57] 国务院. 国务院关于进一步做好稳就业工作的意见［A/OL］.（2019-12-24）［2022-12-18］. http: //www. gov. cn/zhengce/content/2019-12/24/content_5463595.htm.

[58] 中共中央，国务院. 中共中央 国务院关于抓好“三农”领域重点工作确保如期实现全面小康的意见［A/OL］.（2020-01-02）［2022-12-18］. http: //www.gov.cn/gongbao/content/2020/content_5480477.htm.

[59] 国务院办公厅. 国务院办公厅关于服务“六稳”“六保”进一步做好“放管服”改革有关工作的意见［A/OL］.（2021-04-15）［2022-12-18］. http: //www.gov.cn/zhengce/content/2021-04/15/content_5599655.htm.

[60] 国家发展改革委，中央网信办，工业和信息化部，等. 关于促进分享经济发展的指导性意见［A/OL］.（2017-07-03）［2022-12-18］.

http：//www.gov.cn/xinwen/2017-07/03/5207691/files/11c22c195e0b466f9fbe390cf1e8d850.pdf.

［61］国家发展改革委办公厅，中央网信办秘书局，工业和信息化部办公厅. 关于做好引导和规范共享经济健康良性发展有关工作的通知［A/OL］.（2018-05-27）［2022-12-18］. http：//www.gov.cn/xinwen/2018-05/27/content_5293857.htm.

［62］人力资源和社会保障部. 人力资源社会保障部对政协十三届全国委员会第一次会议第1376号（社会管理类106号）提案的答复［A/OL］.（2018-09-30）［2022-12-18］. http：//www.mohrss.gov.cn/xxgk2020/fdzdgknr/zhgl/jytabl/tadf/201812/t20181203_306187.html.

［63］陈晓燕，郑莉. 人社部答复“将适时修订《工伤保险条例》”［N］. 工人日报，2019-03-10（02）.

［64］人力资源和社会保障部. 人力资源社会保障部对十三届全国人大二次会议第6979号建议的答复［A/OL］.（2019-07-24）［2022-12-18］. http: //www. mohrss. gov. cn/xxgk2020/fdzdgknr/zhgl/jytabl/jydf/201911/t20191113_341357.html.

［65］人力资源和社会保障部. 人力资源社会保障部对政协十三届全国委员会第二次会议第2872号（社会管理类211号）提案的答复［A/OL］.（2019-09-04）［2022-12-18］. http：//www.mohrss.gov.cn/xxgk2020/fdzdgknr/zhgl/jytabl/tadf/201912/t20191205_345297.html

［66］国家发改委，中央网信办. 国家发展改革委 中央网信办印发《关于推进“上云用数赋智”行动 培育新经济发展实施方案》的通知［A/OL］.（2020-04-07）［2022-12-18］. https：//www.ndrc.gov.cn/xxgk/zcfb/tz/202004/t20200410_1225542_ext.html.

［67］国家发展改革委，中央网信办，工业和信息化部，等. 关于支持新业态新模式健康发展 激活消费市场带动扩大就业的意见［A/OL］.（2020-07-14）［2022-12-18］. https：//www. ndrc. gov. cn/xxgk/zcfb/tz/

202007/t20200715_1233793_ext.html.

［68］国家发展改革委．国家发展改革委创新和高技术发展司有关负责同志就《关于支持新业态新模式健康发展 激活消费市场 带动扩大就业的意见》答记者问［EB/OL］.（2020-07-20）［2022-12-18］. https：//www.ndrc.gov.cn/xxgk/jd/jd/202007/t20200720_1234113.html?code=&state=123.

［69］人力资源和社会保障部．人力资源社会保障部对政协十三届全国委员会第三次会议第3391号（社会管理类287号）提案的答复［A/OL］.（2021-01-13）［2022-12-18］. http：//www.mohrss.gov.cn/xxgk2020/fdzdgknr/zhgl/jytabl/tadf/202101/t20210113_407557.html.

［70］人力资源和社会保障部，国家发展改革委，交通运输部，等．人力资源社会保障部 国家发展改革委 交通运输部 应急部 市场监管总局 国家医保局 最高人民法院 全国总工会关于维护平台从业者劳动保障权益的指导意见［A/OL］.(2021-07-16)［2022-12-18］. http：//www.mohrss.gov.cn//xxgk2020/fdzdgknr/zcfg/gfxwj/ldgx/202107/t20210722_419091.html.

［71］交通运输部，国家邮政局，国家发展改革委，等．交通运输部 国家邮政局 国家发展改革委 人力资源社会保障部 商务部 市场监管总局 全国总工会关于做好快递员群体合法权益保障工作的意见［A/OL］.（2021-07-15）［2022-12-18］. https：//www.spb.gov.cn/gjyzj/c200075/202107/3ccb4fd435e746c7a303df388ef2c311.shtml.

［72］国家市场监督管理总局．市场监管总局等七部门联合印发《关于落实网络餐饮平台责任切实维护外卖送餐员权益的指导意见》［EB/OL］.（2021-07-26）［2022-12-18］. https：//www. samr. gov. cn/xw/zj/202107/t20210726_333061.html.

［73］交通运输部，中央宣传部，中央网信办，等．关于加强交通运输新业态从业人员权益保障工作的意见［A/OL］.（2021-11-30）［2022-12-18］. http：//www. gov. cn/zhengce/zhengceku/2021-11/30/content_5654949.htm.

[74] 北京市人力资源和社会保障局，北京市总工会，北京企业联合会，等. 关于印发《构建新时代北京特色和谐劳动关系重点任务推进计划》的通知［A/OL］.（2019-08-27）［2022-12-18］. http：//rsj.beijing.gov.cn/xxgk/tzgg/201912/t20191207_951022.html.

[75] 北京市人力资源和社会保障局. 北京市人力资源和社会保障局支持多渠道灵活就业实施办法全文［EB/OL］.（2020-10-22）［2022-12-18］. http：//m.bj.bendibao.com/mip/282790.html.

[76] 谈绪祥. 关于北京市2020年国民经济和社会发展计划执行情况与2021年国民经济和社会发展计划的报告［R/OL］.（2021-02-07）［2022-12-18］. http：//www. beijing. gov. cn/zhengce/zhengcefagui/202102/t20210207_2278352.html.

[77] 杭州市人民政府. 杭州市人民政府关于做好新形势下就业创业工作的实施意见［A/OL］.（2021-06-04）［2022-12-18］. http：//www.hangzhou.gov.cn/art/2021/6/4/art_1256357_59036033.html.

[78] 浙江省人力资源和社会保障厅. 浙江省人力资源和社会保障厅关于优化新业态劳动用工服务的指导意见［A/OL］.（2019-11-04）［2022-12-18］. http: //www.zj.gov.cn/art/2019/11/8/art_1553216_30003.html.

[79] 浙江省人民代表大会常务委员会. 浙江省数字经济促进条例［A/OL］.（2022-05-11）［2022-12-18］. http：//jxj.jinhua.gov.cn/art/2022/5/11/art_1229278699_58876876.html

[80] 广东省人力资源和社会保障厅. 印发《广东省人力资源和社会保障厅关于支持广州推动“四个出新出彩”实现老城市新活力 推进广州人力资源和社会保障事业高质量发展的若干政策措施》的通知［A/OL］.（2020-05-27）［2022-12-18］. http：//hrss.gd.gov.cn/gkmlpt/content/2/2996/mmpost_2996179.html#4033.

[81] 广东省人力资源和社会保障厅，广东省财政厅. 广东省人力资源和社会保障厅 广东省财政厅关于印发《广东省灵活就业人员服务管理

办法（试行）》的通知［A/OL］.（2021-12-31）［2022-12-18］. http：//hrss.gd.gov.cn/gkmlpt/content/3/3740/post_3740984.html#4033.

［82］成都市人民政府办公厅. 成都市人民政府办公厅关于促进新经济新业态从业人员参加社会保险的试行实施意见［A/OL］.（2019-07-12）［2022-12-18］. http：//gk. chengdu. gov. cn/govInfoPub/detail. action？ id=109659&tn=6.

［83］常州市人力资源和社会保障局. 关于印发《常州市市本级新业态从业人员优先参加工伤保险试行办法》的通知［A/OL］.（2019-04-10）［2022-12-18］. http：//www.changzhou.gov.cn/gi_news/942155487771623.

［84］北京市邮政管理局，北京市人力资源和社会保障局，北京市医疗保障局. 北京市邮政管理局 北京市人力资源和社会保障局 北京市医疗保障局关于促进快递行业规范发展加强从业人员权益保障的通知［A/OL］.（2019-08-27）［2022-12-18］. http：//www.beijing.gov.cn/zhengce/zhengcefagui/201908/t20190830_140142.html.

［85］劳动和社会保障部. 关于确立劳动关系有关事项的通知［A/OL］.（2011-07-28）［2022-12-18］. http：//www. mohrss. gov. cn/ldgxs/LDGXzhengcefagui/LDGXzyzc/201107/t20110728_86296.html.

［86］肖竹. 劳动关系从属性认定标准的理论解释与体系构成［J］. 法学，2021（2）：160-176.

［87］林嘉. 新就业形态劳动法律调整探究［M］//冯喜良. 中国劳动研究：第一辑. 北京：中国工人出版社，2021：1-26.

［88］田思路. 工业4.0时代的从属劳动论［J］. 法学评论，2019（1）：76-85.

［89］彭倩文，曹大友. 是劳动关系还是劳务关系？——以滴滴出行为例解析中国情境下互联网约租车平台的雇佣关系［J］. 中国人力资源开发，2016（2）：93-97.

［90］王天玉. 基于互联网平台提供劳务的劳动关系认定——以“e

代驾”在京、沪、穗三地法院的判决为切入点［J］．法学，2016（6）：50-60.

［91］王天玉．互联网平台用工的合同定性及法律适用［J］．法学，2019（10）：165-181.

［92］吴清军，张艺园，周广肃．互联网平台用工与劳动政策未来发展趋势——以劳动者身份判定为基础的分析［J］．中国行政管理，2019（4）：118-125.

［93］常凯，郑小静．雇佣关系还是合作关系？——互联网经济中用工关系性质辨析［J］．中国人民大学学报，2019（2）：78-88.

［94］谢增毅．互联网平台用工劳动关系认定［J］．社会科学文摘，2019（2）：77-79.

［95］范围．网络平台用工模式对社会风险分担机制的冲击及其化解路径［J］．中国法律评论，2018（6）：132-135.

［96］王天玉．互联网平台用工的“类雇员”解释路径及其规范体系［J］．环球法律评论，2020（3）：85-100.

［97］班小辉．“零工经济”下任务化用工的劳动法规制［J］．法学评论，2019（3）：106-118.

［98］肖竹．第三类劳动者的理论反思与替代路径［J］．环球法律评论，2018（6）：79-100.

［99］阿什肯纳斯，尤里奇，吉克，等．无边界组织：移动互联时代企业如何运行［M］．姜文波，刘丽君，康至军，译．2版．北京：机械工业出版社，2020.

［100］UNCTAD. Digital economy report 2019［R］. New York：UNCTAD，2019.

［101］赵磊，刘文华．失业保险法律规制与实践［J］．中国劳动，2018（5）：33-41.

附录1

社会化用工合作者专题小组访谈提纲

【导入语】

您好！我们是中国人民大学劳动人事学院社会化用工调研组成员×××，目前正对企业灵活用工模式及其运用情况进行研究。今天约您的目的，一是想了解一下您在工作中的一些情况，二是想就一些我们不太明白的问题向您请教一下。首先对您的配合表示非常感谢！我们现在可以开始吧？

访谈对象：在企业工作的社会化用工人员。

访谈目的：了解合作者的个人基本特征、类型、来源渠道以及相应的合作动机是什么，合作者的工作质量、工作条件、工作生活满意度、工作认同、情绪劳动等情况，合作者的人力资本、社会资本等在社会化用工中的作用，合作者的职业发展规划以及可预见的困难，合作者是否期望转为标准雇佣以及相应的原因。（工作质量包括时间、收入、压力。工作条件包括场所、环境、社会保障。情绪劳动包括工作是否有情绪、一天的工作是否疲惫。人力资本包括学历、经历。社会资本指社会网络。）

1.合作者基本情况介绍

您能从年龄、受教育程度、婚育状况、工作经历等方面介绍一下自己的基本情况吗？

2.合作者的工作和保障情况

（1）您是从什么时候开始参与这份灵活性工作的？

（2）您能简单介绍一下参与这份灵活性工作的过程吗？比如，您是通过什么渠道了解到这份工作的？当时为什么参与这份工作？您是怎么考虑

的？（当时参加这份工作的心理动机）

（3）您能描述一下您做这份工作的过程吗？

（4）您从事这份灵活性工作的频率是多少？每天或每周几次？这份工作占用您多长工作时间？（①一天的工作时长是多长？②现在这份工作占用多长时间？）

（5）您每天几点开始工作，几点结束工作？每周工作几天？（如果有其他工作，是怎么安排的）

（6）您从事这份工作的工作地点在哪里？那个地方的安全、卫生条件如何？

（7）您这份工作的收入一个月大概有多少？这份收入在家庭总收入中的占比是多少？是否为家庭主要收入来源？

（8）您这份收入主要花在哪里？

（9）合作企业如何给您发放工作报酬？是银行转账支付还是现金？按月、按天还是按次支付？

（10）您对合作企业制定的报酬发放政策是否满意？比如，对业务的单价以及报酬的支付方式、支付周期是否满意？

（11）您在这份灵活性的工作中有何优势？自己表现如何？（有什么特长胜任这份工作，对自己优势的自评）

（12）您在这份工作中是否具有灵活自主性（自己对工作计划、工作方式、工作内容的控制程度，工作的不确定程度）？具体表现在哪些方面？

（13）合作企业是否会对您的工作过程进行管理？

（14）您认为与合作企业是否存在劳动关系？

（15）您每天工作下来的精神状态如何？是否觉得疲劳？

（16）您是否还从事其他的工作？大概是什么情况？这份工作是灵活性工作还是稳定的雇佣工作？

（17）您是否缴纳了社会保险？是通过什么途径缴纳的？

（18）您对社会保障有什么看法？（社会保险和商业保险）

3.合作者对社会用工工作的评价

（1）您对灵活性的工作满意吗？如工作时间、强度、压力、收入、工作环境、与企业及其他合作伙伴（利益相关者）的关系等方面。

（2）您是否能够在家庭和工作、工作与健康方面做到平衡？

（3）您觉得您的投入和收入是否成正比？投入和产出是否成正比？（付出和收获是否成正比）

（4）您的亲朋好友是否认可您现在的工作？（现在的工作状态）

（5）这份灵活性的工作给您带来的最大的收获是什么？

（6）您是否愿意与合作企业建立劳动关系？

（7）您对现在这份灵活性的工作有何担忧，有什么意见和建议？（个人会有什么样的担心）

4.合作者的职业生涯规划

（1）（如果是兼职的合作者问此题）您是否会继续从事这份工作，并将其发展为主要职业？相应的原因是什么？在什么条件下会发展为主要职业？

（2）（如果是全职的合作者问此题）您是否愿意回到标准雇佣模式下？为什么？（是否愿意回到长期的雇佣模式下工作）

（3）您是否打算找一份稳定的雇佣工作？（未来的职业发展方向）

（4）您有没有考虑过提高自身的技能水平？您打算通过什么途径或如何提高？

5.过往的就业经历

（1）您的上一份工作是什么？什么雇佣形式？

（2）您上一份工作的离职原因是什么？

（3）您对再就业（或者下一份工作）有什么考虑和打算？

（4）您更重视工作的哪方面条件？（收入、平台机会、工作环境、团队氛围、灵活自由、工作与生活的平衡）

【结束语】

（跟对方确认是否还有问题要问。如果没有其他问题了，感谢被访者，结束深访！）

感谢您的配合，我们受益匪浅。今天的访谈就到此为止，后期我们会就访谈资料进行整理，可能会通过电话就访谈中的一些疑惑之处再次和您进行确认和补充，也希望您能同样给予我们如此积极的支持和配合，再次感谢！

附录2

社会化用工企业访谈提纲

准备工作

注意：本部分不放在正式访谈提纲中，需要提前记住或完成。

社会化用工定义准备：我们研究的非雇佣关系的用工是指企业为整合外部劳动力共同完成其生产经营任务所采用的各种用工方式，即除标准雇佣之外的其他用工方式，包括劳务派遣、业务外包（发包给组织）、众包（通过互联网技术等方式发包给个人）等。

此次访谈目的准备：我们希望通过此次调查了解企业采用社会化用工的原因、模式、效果以及存在的问题，并通过对社会化用工的系统研究，帮助企业解决在社会化用工过程中遇到的各种问题，提升企业经营绩效。

预约阶段铺垫准备：（1）要求被访者准备一张名片，用于证明身份；（2）和被访者商议可否带一份公司简介；（3）和被访者商议可否带一些灵活性用工方面的资料。

社会化用工企业访谈提纲

【导入语】

您好！我们是中国人民大学劳动人事学院社会化用工调研组成员×××，目前正对企业的社会化用工模式及其运用情况进行研究。今天约您的目的，一是想了解一下贵公司这方面的情况，二是想就一些我们不太明白的问题向您请教一下。首先对您的配合表示非常感谢！我们现在可以开始吧？

【提纲正文】

一、企业基本情况

1.您能从工作经历、进入本行业的经历以及进入此单位的经历等方面做个自我介绍吗？（工作以来的经历和行业内的经历）

2.您能大概介绍一下公司现有业务的开展情况（主营业务、规模、员工人数、营收量级）和商业模式吗？

3.您能大概介绍一下公司的组织架构吗？如有哪些部门？您所在的岗位隶属哪个部门？

4.您目前与该公司签署的是劳动合同吗？您考虑过从事其他的非雇佣形式（社会化用工）的工作吗？

二、企业现有用工情况

1.您所在公司的员工与公司都是劳动合同关系（只要不签劳动合同的，都是我们想要了解的）吗？还有其他的用工模式吗？请详细列举一下，好吗？

2.各类用工模式在全部用工模式中大概占比多少？

3.目前这些社会化用工模式用于哪些部门？这些人员的主要工作职责是什么？

4.公司采用各种社会化用工模式持续多长时间了？公司决定采用这些社会化用工模式的原因是什么？

5.不同的用工模式下，工作任务大概有哪些？您觉得这些工作的复杂程度是否相同？能谈谈其不同点在哪里吗？

6.不同的用工模式下，工作任务的专业程度是否相同？有什么区别？

7.不同的用工模式下，工作任务的要求是否相同？有什么区别？

8.不同的用工模式对劳动者的能力及专业要求程度一样吗？有什么区别？

9.选择灵活用工模式的工作岗位或任务在企业经营业务中重要吗？能

用重要、一般、不重要评价一下吗？灵活用工这部分业务是不是企业的核心业务？

10.您觉得这些用工模式给企业效益带来了哪些影响（成本、绩效、雇佣关系等方面）？

11.您觉得企业在采用灵活用工模式后，是否改变了企业原来的雇佣关系？（如：是否减少了雇佣人员；是否砍掉了某些岗位，直接采用社会化用工模式；是否将现有雇佣人员转为了社会化用工人员）

12.你认为互联网、人工智能等技术的进步是否影响了企业对社会化用工模式的选择（如是否采用这种社会化用工模式，技术是否带来了管理上的优化，是否通过互联网、微信内部群招募劳动者，是否使用管理软件和结算软件，如钉钉等）？

三、企业对社会化用工的管理

1.目前公司所涉及的各种社会化用工人员都有哪些特征（如性别、年龄、户籍、受教育程度等）？从业人员当初（如面试时）选择和企业合作的动机是什么？

2.您能讲一下不同类型的社会化用工人员从招聘到录用再到解聘的大概流程吗？

3.不同的社会化用工模式对劳动者有什么资质要求？企业通过什么渠道去找人？企业如何筛选这些人的？如何判断其专业度？

4.企业对不同的社会化用工人员是如何管理的（如管理结构、奖惩措施等）？管理模式是否有差异（如管理流程是不是一样，是统一管理还是分开管理，是商务管理还是人事管理）？具体管理中涉及哪些部门？

5.企业对于各种社会化用工人员进行培训吗？

6.各种社会化用工人员的工作方式是怎样的（如工作场地、时间等）？

7.企业与各种社会化用工人员的合作程度和频率如何？如何去考核和激励他们？具体做法有哪些？

8.企业给予社会化用工人员的福利待遇有哪些？有社保之类的保障制

度吗？如果有，具体有哪些？

9.企业与各种类型的社会化用工人员的薪资计算标准是什么？是如何结算的？结算时涉及票据等方面的问题吗？如何处理票据问题（票据等方面的问题及其解决方法）?（主要探讨企业是如何把钱支付给合作方）

10.企业是否会将社会化用工人员转为雇员，将合作关系转为雇佣关系（只要有劳动合同在，就算有雇佣关系）?

11.企业是否会禁止企业员工或社会化用工人员从事其他非本企业的工作？具体采用哪些措施？

12.企业与社会化用工人员合作过程中发生过什么令人难忘的事情？

13.企业与社会化用工人员合作过程中最大的担忧是什么？为什么？

14.企业对这种社会化用工方式是否认可？如果认可的话，未来是否有意愿扩大社会化用工的范围？

15.您个人是如何看待社会化用工的？

16.互联网、人工智能等技术给社会化用工带来了哪些消极和积极的影响？

四、行业情况

据您了解，您所在的行业中哪些社会化用工模式比较常见？您能帮忙列举几个具体的公司和它们涉及的岗位吗？

【结束语】

（跟对方确认是否还有问题要问。如果没有其他问题了，感谢被访者，结束深访！）

感谢您的配合，我们受益匪浅。今天的访谈就到此为止，后期我们会就访谈资料进行整理，可能会通过电话就访谈中的一些疑惑之处再次和您进行确认和补充，也希望您能同样给予我们如此积极的支持和配合，再次感谢！

附录3

社会化用工人员需求调研问卷

社会化用工指灵活用工中，个人不与企业及其关联组织建立雇佣关系/劳动合同关系，而是直接建立合作关系的模式。双方遵循“风险共担、利益共享”的原则，建立平等的业务合作关系。社会化用工人员包括通过社会化平台尤其是共享经济平台承接派单任务的兼职/零工人员、自由职业者、独立承包人等。为了更好地了解目前灵活用工人员，尤其是以业务承揽的方式与企业平等合作的社会化用工人员的用工实际状况，我们编制了这份调研问卷。请您根据您的实际情况如实作答（在相符的选项上打“√”）。此问卷中的信息将完全保密，请放心作答。

谢谢您的支持与合作!

【G模块：过滤题】

G1.您目前的工作状态是：【单选】

1.自由职业，从事多种形式的社会化用工工作

2.有雇佣工作，同时将社会化用工工作作为第二职业

3.只有雇佣工作————跳至G3

4.无业————跳至G3

G2.在社会化用工中，用工单位与您的关系更符合以下哪项描述：【单选】

1.隶属关系（雇佣关系、管理与被管理）

2.合作关系（业务承揽、自雇合作、合伙协作）————跳至A1【核心用户】

G3.您能接受与企业建立平等的业务合作关系，以“风险共担、利益共享”为原则的社会化用工模式吗?【单选】

1.能————跳至A2【潜在用户】

2.不能————感谢并结束访问

主体问卷

【A模块：对社会化用工的态度模块】

A1.您正从事以下哪类灵活的用工形式：【多选】

1.业务承揽、独立承包

2.合伙用工

3.兼职/零工

4.共享平台的社会化用工（如网约车司机、物流众包、直播网红等）

5.其他

A2.您能接受以下哪类灵活的用工形式：【多选】

1.业务承揽、独立承包

2.合伙用工

3.兼职/零工

4.共享平台的社会化用工（如网约车司机、物流众包、直播网红等）

5.其他

A3.促使您选择社会化用工工作的原因有：【请您选出对您影响最大的5个原因】

1.雇主品牌影响力大

2.喜欢这个行业或岗位

3.相对有弹性的工作时间

4.较高的自由度、自主性

5.具备竞争力的薪酬待遇

6.赚取更多收入

7.获得新的技能

8.打发空闲时间

9.发挥个人余力或兴趣所长

10.遭遇职业发展瓶颈

11.面临职业转型

12.不愿意处理标准雇佣关系中复杂的人际关系

13.照顾家庭和孩子

14.其他

A4.您最希望在社会化用工工作中得到的支持:【单选】

1.合规流程

2.专业培训

3.缴纳社会保险

4.完善的福利

5.与用工单位协商交易价格等

6.其他

【B模块:社会化用工核心群体工作状况】

(注:B模块只针对G2题选择“2”的被访者提问】

B1.您从事社会化用工工作的年限:【单选】

1.半年以内

2.半年至1年

3. 1~3年

4. 3~5年

5. 5年以上

B2.您每天从事社会化用工工作的时长:【单选】

1.不超过1小时

2. 1~2小时

3. 2~4小时

4. 4~8小时

5. 8小时以上

B3.您每周用于社会化用工工作的时间占工作总时间的比例:【单选】

1. 不超过40%

2. 40%~60%

3. 60%~80%

4. 80%以上

B4.您从事社会化用工的工作频率:【单选】

1.每天

2. 每周3～5次

3. 每周1～2次

4. 偶尔

5. 视情况而定

B5. 您目前每月从社会化用工工作中获得的薪酬：【单选】

1. 不超过3 000元

2. 3 001～5 000元

3. 5 001～10 000元

4. 10 001～20 000元

5. 20 001～40 000元

6. 40 000元以上

B6. 您目前每月社会化用工工作收入占个人总收入的比例：【单选】

1. 不超过10%

2. 11%～30%

3. 31%～50%

4. 51%～70%

5. 71%～99%

6. 100%

B7. 您从事社会化用工工作的优势是：【多选】

1. 有充足的时间

2. 肯吃苦

3. 有一定的资本可以投资

4. 有一定的人际关系和客户资源

5. 有相关的工作经验

6. 有相应的技术

7. 有相关的知识储备

8. 其他

B8. 在您从事的社会用工工作中，用工单位对您进行了哪些管理行为？【多选】

1.没有任何行为

2.提供培训

3.设计评分、晋级体系

4.发放奖金

5.设计排名体系，排名越靠前，获得的回报越多

6.委派第三方机构进行管理

7.设定任务考核标准和考核办法

8.设定每天接单量和在线时长的底线

9.引入顾客评分

10.其他

B9.您的社会化用工工作的成果交付方式是：【单选】

1.线上交付

2.线下交付

3.线上交付和线下交付并存

B10.您在社会化用工工作中获得的收入由谁支付：【单选】

1.顾客直接支付

2.平台或用工单位支付

B11.您在与顾客互动的过程中，存在哪些现象：【单选】

1.与顾客沟通良好，在与他们相处的过程中感到很愉悦

2.与部分顾客沟通欠佳，但遇到这样的顾客时可以控制自己的情绪尽量避免与他们发生纠纷

3.在与顾客沟通的过程中需要克制自己内心的负面情绪，向顾客展露出积极的态度和情绪以确保和顾客沟通良好

4.在与顾客沟通的过程中不需要隐藏自己的情绪

B12.您在社会化用工工作中感受到的压力强度为：【单选】

1.完全无压力

2.有一点压力

3.压力感适度，自己可以承受

4.压力感强，有点承受不住

5.压力特别大，超出自己的承受范围

B13.工作一天下来，您整个人的身心状态如何：【单选】

1.很轻松，没有疲劳的感觉

2.身体有点累，但是心情很好

3.心累，但身体并不累

4.身心俱疲

B14.在社会化用工工作中，您可以自己决定：【多选】

1.工作任务的内容

2.工作进度的安排

3.工作量/工作强度

B15.您在社会化用工工作中与该用工单位的其他合作者是否有联系：【单选】

1.是

2.否

B16.您对社会化用工模式的认可程度：【单选】

1.非常认可

2.认可

3.不认可

4.非常不认可

5.不好判断

B17.您未来是否愿意继续从事社会化用工工作：【单选】

1.愿意————跳至C1

2.不愿意

B18.您未来不愿意继续从事社会化用工工作的原因是：【多选】

1.工作、收入不稳定

2.时间、精力不足

3.没有职业安全感

4.缺乏相关的劳动保障和法律保护

5.无法享有与正式员工同等的福利待遇

6.缺乏相关的技能

7.其他

【C模块：社会化用工领域模块】

（注：C模块只针对G2题选择“2”的被访者提问】

C1.您目前主要从事的社会化用工工作所属的行业：【单选】

1.生产、制造业

2.工程、建造业

3.批发零售、进出口贸易

4.餐饮及酒店业

5.运输、快递业

6.地产、物业

7.电信、IT、通信业

8.电商、互联网行业

9.人工智能、物联网、数字产业

10.金融、银行、证券、保险

11.科研、医疗、教育服务业

12.文体、娱乐业

13.社区、社会及个人服务业

14.其他

C2.您目前主要从事的社会化用工工作所属企业是否为互联网平台企业：【单选】

1.是

2.否

C3.您目前主要从事的社会化用工工作属于：【多选】

1.行政、人力资源岗

2.财务岗

3.技术岗

4.管理岗

5.运营岗

6.客服、售后岗

7.市场、销售、营销岗

8.物流、快递岗

9.经纪、代理人

10.其他

C4.您目前主要从事的社会化用工工作所属单位的性质为:【单选】

1.国有及国有控股企业

2.外资企业(不含港澳台企业)

3.民营企业

4.集体企业

5.港澳台企业

6.行政机关(公务员)

7.事业单位

8.个体经济组织

9.社会团体

C5.(针对G1题选择"2"的被访者提问)您目前从事的雇佣工作的单位性质:【单选】

1.国有及国有控股企业

2.外资企业(不含港澳台企业)

3.民营企业

4.集体企业

5.港澳台资企业

6.行政机关(公务员)

7.事业单位

8.个体经济组织

9.社会团体

C6.您目前主要从事的社会化用工工作所属单位的规模为:【单选】

1.不超过20人

2. 21~50人

3. 51 ~ 200人

4. 201 ~ 500人

5. 501 ~ 2 000人

6. 2 000人以上

7. 不清楚

C7. 您目前主要从事的社会化用工工作所属企业的发展阶段：【单选】

1. 创业阶段

2. 稳健发展阶段

3. 衰退阶段

4. 变革/转型阶段

5. 其他

6. 不清楚

【D模块：社会化用工潜在群体对工作的期待】

（注：D模块只针对G3题选择“1”的被访者提问）

D1.（针对G1题选择“2”且G3题选择“1”或G1题选择“3”且G3题选择“1”的被访者提问】您目前从事的雇佣工作的单位性质：【单选】

1. 国有及国有控股企业

2. 外资企业（不含港澳台企业）

3. 民营企业

4. 集体企业

5. 港澳台资企业

6. 行政机关（公务员）

7. 事业单位

8. 个体经济组织

9. 社会团体

D2. 您期望每月从社会化用工工作中获得的收入为：【单选】

1. 3 000元及以下

2. 3 001 ~ 5 000元

3. 5 001 ~ 10 000元

4.10 001～20 000元

5.20 001～40 000元

6.40 000元以上

D3.您期望社会化用工工作的收入占您每月总收入的比例为：【单选】

1. 10%及以下

2. 11%～30%

3. 31%～50%

4. 51%～70%

5. 71%～99%

6.100 %

D4.您对参与社会化用工的顾虑是：【多选】

1.工作、收入不稳定

2.时间、精力不足

3.没有职业安全感

4.缺乏相关的劳动保障和法律保护

5.无法享有与正式员工同等的福利待遇

6.没有相关的技能

7.其他

【E模块：背景信息模块】

E1.您的性别为：【单选】

1.男

2.女

E2.您的出生年份为：__________

E3.您的受教育程度为：【单选】

1.初中及以下

2.高中

3.大专

4.本科

5.硕士研究生及以上

E4. 你的户口属于：【单选】

1. 本地农村户口

2. 本地城镇户口

3. 外地农村户口

4. 外地城镇户口

E5. 您当前的工作年限为（从第一份工作算起）：【单选】

1. 3年内

2. 3～5年

3. 6～10年

4. 11～20年

5. 20年以上

E6. 您目前的个人月度总收入为：【单选】

1. 3 000元及以下

2. 3 001～5 000元

3. 5 001～8 000元

4. 8 001～10 000元

5. 10 001～15 000元

6. 15 001～20 000元

7. 20 001～30 000元

8. 30 001～50 000元

9. 50 000元以上

E7. 您目前的婚姻状况为：【单选】

1. 未婚————跳至E11

2. 已婚

3. 丧偶/离婚

E8. 您的子女个数：【单选】

1.0个

2.1个

3.2个

4.3个及以上

E9.你的未满16周岁的子女个数：【单选】

1.0个

2.1个

3.2个

4.3个及以上

E10.您的父母是否健在：【单选】

1.父母都健在

2.父亲健在

3.母亲健在

4.父母都已去世

E11.您目前是否参加以下保险：【多选】

1.城镇职工社会保险

2.新型农村合作医疗保险

3.农村养老保险

4.城镇居民医疗保险

5.城镇居民养老保险

6.住房公积金

7.商业养老保险

8.商业医疗保险

9.不清楚（与其他几项互斥）

索引

标准雇佣—5，14-18，23，27，29-31，34，115，118，156，161，171，183

非标准雇佣—4，5，14，17，18，22，23，25-27，30，31，34，39，48，50，161

合伙用工—43，50，62，71，72，157，179

合作用工—43，50，62，68-70，72，92，157，179

劳务派遣—5，10，18，21，25-28，33-35，39，40，43，50，51，53-55，62-64，72，79，80，90-92，106-109，111，112，116-118，120，122，123，127-129，132，133，137，138，140，147，148，156，157，179

灵活用工—2，4，5，14，27，28，30，31，56，126，129，134

替代性工作安排—5，12，14，27，30-36，38，39，41-43，61，139，179

业务外包—5，18，27，28，39，40，43，44，50，51，53，54，61，62，65-68，72-73，79，80，90-92，106-109，111，112，116，117，120，122，123，126，127，129，132-134，137，138，140，156，157，179

用工模式—5-7，9，12，18，19，22，26，31，36，38-43，45，48，50-55，59，62-64，66-73，75，80，81，89，90，92，98，105-109，112，113，115，116，118-124，126，129，131，132，137-140，152，156-158，165，174，178-180，185，186，188

用工渠道—6，12，42，43，48，51，75-82，89，91，92，105，107，108，115，117，121，123，124，131，133，137，138，178，179